U0915776

江苏名镇

三茅街道志

扬中市三茅街道志编纂委员会
江苏省地方志编纂委员会办公室
编著

JIANGSU
FAMOUS TOWN

ANNALS
OF
SANMAO TOWN

南京出版传媒集团 南京出版社

图书在版编目（CIP）数据

江苏名镇.三茅街道志 / 扬中市三茅街道志编纂委员会，江苏省地方志编纂委员会办公室编著. -- 南京：南京出版社，2023.12

ISBN 978-7-5533-4465-2

Ⅰ.①江… Ⅱ.①扬… ②江… Ⅲ.①扬中—地方志 Ⅳ.① K295.35

中国国家版本馆 CIP 数据核字（2023）第 226407 号

书　　名　江苏名镇·三茅街道志

编　　著　扬中市三茅街道志编纂委员会

江苏省地方志编纂委员会办公室

出版发行　南京出版传媒集团

南　京　出　版　社

社址：南京市太平门街53号　　邮编：210016

网址：http://www.njcbs.cn　　电子信箱：njcbs1988@163.com

联系电话：025-83283893、83283864（营销）　025-83112257（编务）

出 版 人　项晓宁

出 品 人　卢海鸣

责任编辑　杨传兵　徐　辰

装帧设计　良在设计

责任印制　杨福彬

排　　版　南京凯德印刷有限公司

印　　刷　南京凯德印刷有限公司

开　　本　787毫米×1092毫米　1/16

印　　张　16

字　　数　240千

版　　次　2023年12月第1版

印　　次　2023年12月第1次印刷

书　　号　ISBN 978-7-5533-4465-2

定　　价　98.00元

用微信或京东APP扫码购书

用淘宝APP扫码购书

江苏名镇名村志

总序

江苏人文荟萃，文化底蕴深厚，享有“方志之乡”的美誉。历代志书不仅数量众多，良志辈出，而且镇村志编修也十分发达。仅明清两代，江苏就有镇村志239种，为全国仅有。党的十八大以来，地方志事业进入新的发展阶段。根据《国务院办公厅关于印发全国地方志事业规划发展纲要（2015—2020）的通知》对镇村志工作提出的新要求，2016年12月，省政府办公厅发文，启动全省名镇名村志编修。这是江苏镇村志编修的新的里程碑。

习近平总书记强调，乡土文化的根不能断。乡镇村庄是中华传统文化的根基，积淀了中华民族灿烂的农耕文明，见证了千百年来社会的发展变迁，寄托无数华夏儿女的乡愁记忆。江苏现有国家级和省级历史文化名城16座、历史文化名镇39个、历史文化名村18个、中国传统村落33个、历史文化街区99处。国家级历史文化名城、名镇和中国历史文化街区的数量均名列各省区首位。在这片肥沃的土地上，江苏人民世代躬耕劳作，留下了数量众多的名镇名村，催生了丰富多彩的乡土文化。有“人家尽枕河”的江南小镇，也有“两面云山一面湖”的淮海胜境；有“水光翻动五湖天”的自然景致，也有“听取蛙声一片”的农家村落。这些名镇名村所蕴含的优秀乡土文化，是中华传统文化的重要组成部分。

党的十九大提出乡村振兴战略。这是美丽乡村建设的关键举措，也是传承发展传统文化的有效途径。截至2018年底，我国常住人口城镇化率达59.58%，江苏达到69.61%。千百年来“暧暧远人村，依依墟里烟”的乡村中国，正在经历着人类历史上规模最大、速度最快的城镇化进程。如何处理好传统与现代、继承与发展的关系，如何把记忆留住、把乡愁留下，是摆在我们面前的一道必答题。江苏以高度的历史责任感，出台保护名镇名村的政策法规，探索保护名镇名村的路径方法，为社会经济发展留下文化根脉，让子孙后代望得见山、看得见水、记得住乡愁，众多名镇名村得到有效保护，不少名镇名村驰名中外，许多有益的探索弥足珍贵。这些可圈可点的江苏经验，是一笔不可多得的宝贵财富。

“直笔著信史，彰善引风气，为当代提供资政辅治之参考，为后世留下堪存堪鉴之记述。”省地方志办公室组织编纂的《江苏名镇名村志》丛书，旨在通过权威的地情资料，以突出“名”“特”的志书表达方式，记录名镇名村的前世今生，展示名镇名村的文化魅力，推介名镇名村的品牌价值，让乡愁记忆有所承载，让家国情怀有所寄托，为乡村振兴战略提供人文关怀，为新型城镇化建设提供历史智慧。

省地方志办公室坚持理念创新，引领工作创新，创造性地以编纂全媒体志书的思路指导江苏名镇名村志丛书的编纂。不仅积极抢救保存传统的村镇文化，更着眼未来，把宣传推介村镇文化、服务乡村振兴战略作为志书的重要使命，让名镇名村志成为当地名片。不仅如实记录名镇名村发展的历史，更适应当代记录手段的多样化，采用时尚图书的做法、按照最美图书的标准，改变以文字记录为主的传统方式，把音视频、图片与文字等量齐观，让读者在有限的时间和空间内获取最大的信息量，使名镇名村志从无声变成有声，从平面成为立体，从静态变为动态，真正为人民群众所喜闻乐见。

“君自故乡来，应知故乡事。”每一部志书，记载的都是一方水土上的人和事，都是一方人民的精神家园。希望大家在打开《江苏名镇名村志》，品读一个个鲜活的乡村故事的时候，努力地去触摸民族精神的灵魂，在深切感受历史文化气息和爱国爱家情怀的过程中，涵养文化自信的根基。

谢润盛

2020年8月

序

江海交汇，沧海桑田。三茅地域从东晋走来。

三茅，江南古镇，鱼米之乡，经济重镇，文化之邦，旅游之地。明朝中叶，句容茅山道教信徒至江洲传道问病。乡民建道院，塑道教始祖金身供奉，取名“三茅宫”，地域因之得名。

三茅，两水夹陆，绿野万亩，街市百里，风光旖旎；有史以来一直为扬中政治、经济、文化中心。改革开放后，三茅站在全新起点上，抢抓扬中主城区建设新机遇，接受扬中新功能区建设挑战。聚力创新、聚焦富民，攻坚克难，坚持高质量创新发展，加快产业升级，建设美丽乡村，打造幸福宜居新城区。进入21世纪，三茅坚持党建引领，不忘初心，秉承“强富美高”发展理念，重塑发展新格局。用发展之浓墨、生态之彩笔绘就一幅城乡统筹、全面发展的壮丽画卷。

三茅，以智能电气、新能源设备、纺织服装、冶金电子为现代工业主体，以设施农业、生态农业引领农业发展。城区街道繁华，高楼林立，商贸繁荣。扬中博物馆千年厚重、油灯博物馆闪烁历史光芒、大江风貌雄浑壮阔、湿地公园生态多彩、营房村民俗馆古色古香、友好村宽心圩展示传统村落风貌、江鲜美食文化绚丽多姿，如此等等构成乡村文旅产业链。这一切无不彰显着三茅街道地域特色和独特魅力。

三茅，建埠于明万历年间，历史悠久，底蕴丰厚。岁月更替，战火洗礼，虽昔日容颜褪尽，但古韵遗风犹存，让古镇多了一份岁月沉淀的柔情。三茅，传承淳朴民风，筑梦先辈遗愿；面貌日新月异，生活翻天覆地。美丽乡愁，或浓或淡，蛰伏在三茅人心底。

2022年2月，三茅街道有幸作为特色镇列入江苏名镇志编写名单，街道党工委、办事处立即把编写《江苏名镇·三茅街道志》作为当年党政工作重大事项之一，作为记住乡愁、延续文脉的主要工程予以实施。经过编纂人员的辛苦劳作，历时20个月，志书正式付梓。

《三茅街道志》存真求实、突出名特，用近11万字、113幅图片和25个视频，全面记述了三茅历史变迁，突出了经济强镇特色，以现代工业、繁华商业、江鲜美食、乡村旅游和地方文化，展示三茅作为省级中心镇的风貌。志书语言流畅，图片精美，视频生动，可读性强。

稽古旨在鉴今，承先为了启后。《三茅街道志》是三茅地区第一部内容全面、资料丰富的志书，是一部认识三茅、熟悉三茅、建设三茅不可多得的工具书。为三茅街道各级干部察古知今、熟悉镇情、探求规律、正确决策，提供了一部“《资治通鉴》”；为在人民群众，特别是在青少年中开展热爱祖国、热爱家乡的革命传统教育提供了生动的乡土教材；为客居他乡的三茅籍儿女和侨居海外的游子了解家乡、沟通信息、服务桑梓架设了一座桥梁；为海内外客商了解三茅投资环境，作出明智选择，提供了一份翔实的地情书；为国内外旅游者漫步乡村旅游小镇提供了一张鲜活的导游图。

三茅，美丽、生态、宜居、诗意，宛如一颗镶嵌在江中翡翠板块上的耀眼明珠，让我们为之骄傲。今天的三茅街道，正肩负着新的使命，迈向新的征程。

中共扬中市三茅街道工作委员会书记　童　涛

扬中市三茅街道办事处主任　姚文筝

2023年8月

江苏名镇名村志编纂委员会

主　　任　谢润盛

常务副主任　左健伟

副 主 任　许善军　牟国义　陈　华　李荣锦　刘大威
朱新华　姚文中

成　　员　姜巧玲　张曙峰　艾新建　柯善学　乐　江
姜荣芳　陆瑞萍　周　平　唐　宏　陈永平
凡　浩　张士林　李　军

编委会办公室　雷卫群　徐彩霞　尤　岩　焦寨军　何　磊
余晓辉

《三茅街道志》编纂委员会

主　任　童　涛

顾　问　徐　强　蔡晓彬　张　俊

副主任　姚文笋　杨淑静　陆昌海

委　员　瞿靖承　王秀德　潘金东　李　波　左绍阳　李培志　杨　娟
刘　俊　李茂福　段欢欢　蔡　华

《三茅街道志》编纂人员

主　　编　陆昌海

业务指导　翁红霞　孙燕宾　陈　健

执行主编　唐华龙

撰　　稿　唐华龙　石馥苓　朱菊华

摄影摄像　祝红卫　唐华龙　方志飞　宦　荣

编　　务　祝红卫　马红玉　钱维亚　金　佩　周　颖　宦　荣

特约审稿　宫冠丽　翁红霞　朱菊华

审　　校　孙燕宾

终审单位　镇江市史志办公室

终审人员　刘扣林　孙燕宾　陈　萍　乔　鸣

验收单位　江苏名镇名村志编纂委员会办公室

验收人员　焦寨军　翁红霞　周　慧

批准出版单位　江苏名镇名村志编纂委员会

凡例

一、以马克思列宁主义、毛泽东思想、邓小平理论、“三个代表”重要思想、科学发展观、习近平新时代中国特色社会主义思想为指导，坚持辩证唯物主义和历史唯物主义，存真求实，客观记述三茅街道发展的历史与现状，发挥名镇名村志记录历史、传承文化、服务乡村振兴、激发爱国爱乡情怀的独特作用。

二、记述上限溯及事物发端，下限至2021年，为叙事完整，照片和个别事件适当后延至2022年。记述内容明古详今，侧重反映时代特色和地方特点，体现名镇名村的“名”与“特”。

三、记述地域范围为三茅街道区域，必要时延及历史地域范围。

四、名人传略记载已故人物，名人专记记述三茅籍杰出人物事迹，名人简介收录三茅籍有影响的人物。

五、计量单位和数字使用，执行国家新闻出版有关规定。原则上使用法定计量单位。“亩”“公顷”“公里”等仍按社会习惯沿用旧制，不作换算。个别古代计量单位加注说明。

六、清及以前的纪年使用朝代年号，括注公元年份，1912年1月1日起使用公元纪年。

七、数据以国家统计部门的发布为准。统计部门未提供的，以相关部门提供的数据为准。

八、“解放前（后）”，以本地解放日1949年4月22日为界。“新中国成立前（后）”，以1949年10月1日为界。文中未注明世纪的年代，均为20世纪年代。

九、正文相关位置设二维码，可扫码拓展阅读音像资料。

三茅街道行政区划图

扬州市
高港区
口岸街道
故土
王营
临江
常福
蔡滩
营房港
高港
木桥港
二间
环太渔乐园
扬中现代渔业产业园
长江渔文化生态园
何家大港
万福桥港
元字圩
茂字圩
福字圩
大兴圩
二百二十四圩
永和村二十组
宴字圩
营房村
五一村
文字圩
定字圩
长字圩
贵子圩
向阳村
盈字圩
永和村
方行
兴阳村
普新圩
大兴圩
龚小圩
沈家埭
杨家埭
姚小圩
草庵埭
永兴圩
徐家庄
九十二圩
小唐家埭
唐家埭
殷家埭
丰裕社区
新七圩
宾字圩
宽裕圩
双新村
孙家埭
明华村
王家祠堂
中间埭
永胜圩埭
兴华村
新坝客运站
小北圩埭
小陈家埭
义字圩
城北科技园
中华村
友好村
红联村
新坝社区
新胜社区
指南村
公信社区
明珠广场
仁字圩埭
广宁社区
同心社区
城北公园
葛家埭
永平村
长江花城社区
江洲路社区
英雄社区
民主村
十八圩埭
泰州长江公路大桥
扬中市
烈士陵园
锦程村
新民社区
新扬社区
文化新村社区
三桥村
龙王庙
前匡家埭
城西公园
建设社区
扬子新村社区
八圩庄
三茅街道
中桥社区
新联社区
港联社区
金星社区
大众村
杜家埭
高家埭
朱家埭
企东村
包家港
联合村
奥体中心
扬中客运站
朱家墩子
永勤村
郭家港
中扬社区
何家埭
张家墩子
滨江村
太平禅寺
联丰港
扬中长江三桥
湿地公园
环岛路（长江大堤）
沙家港
普济村
西长圩埭
兴城村
夏家港
双跃村
三跃社区
扬中大桥
张家墩子
陈家老坝
曹家湾子
东横埭
小泡沙生态旅游区
省园艺博览园
郭家埭
兴隆大港
戴家埭
恒跃村
东新港
赵家埭
兴隆街道
扬中经济开发区
会龙村西五组
二十圩
小七圩
黄家水圩
兴隆社区
朱家埭
邻丰村
积善村
福源村
福源村七组
S231
S238
图例
街区
县(市)政府驻地
三茅街道
镇政府 街道办
村委会 社区 圩埭
县(市)区界
镇界
汽车客运站
G40 高速公路及编号
S238 省道及编号
环岛公路
县乡道
乡村路
河流 沟渠 码头
车渡 人渡
绿地 公园
比例尺 1:300000 地图审查号：苏S（2020）176号
江苏省金威测绘服务中心2020年编制 扬中市史志办公室 监制
图内境界不作实地划界依据

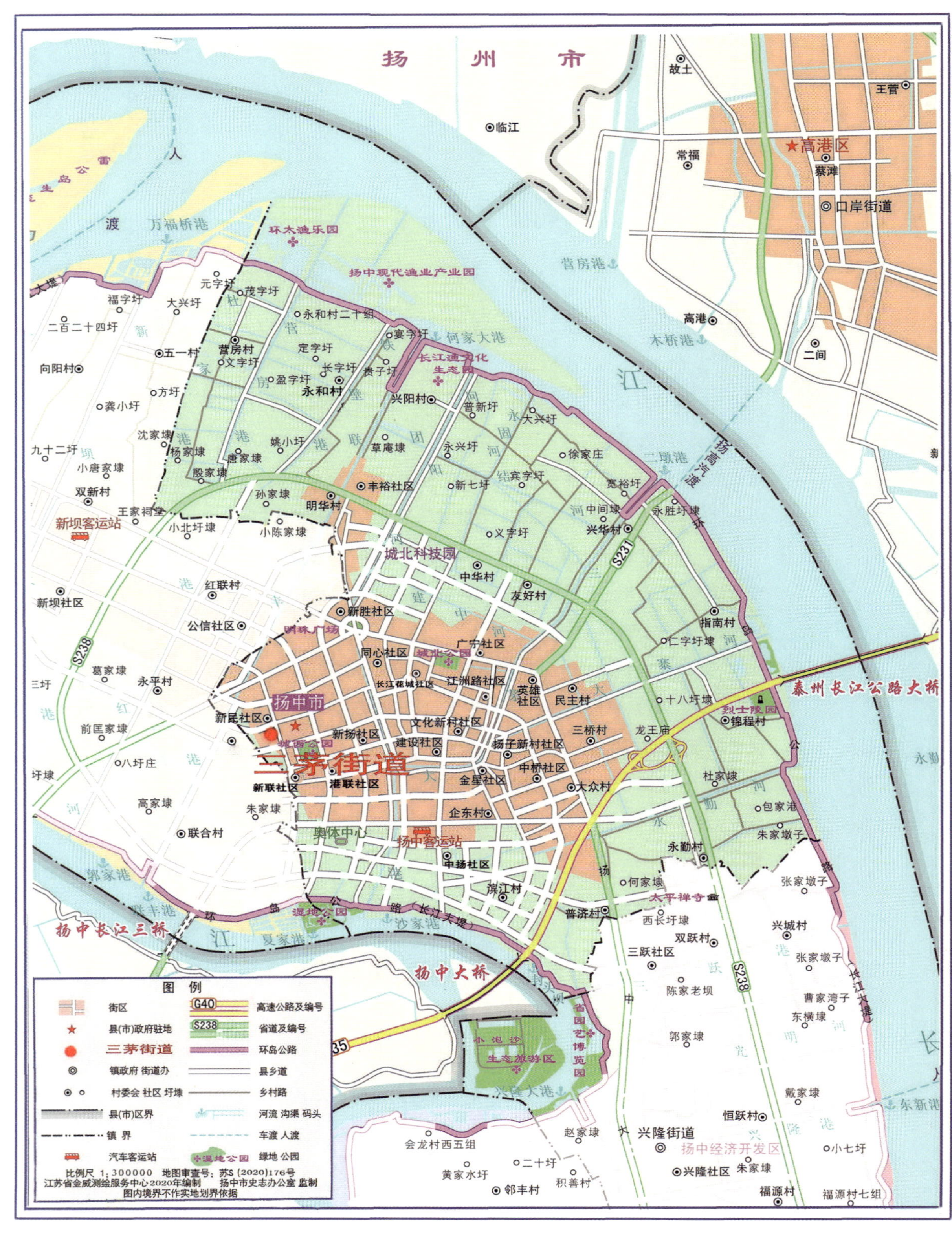

三茅街道在扬中市区位图

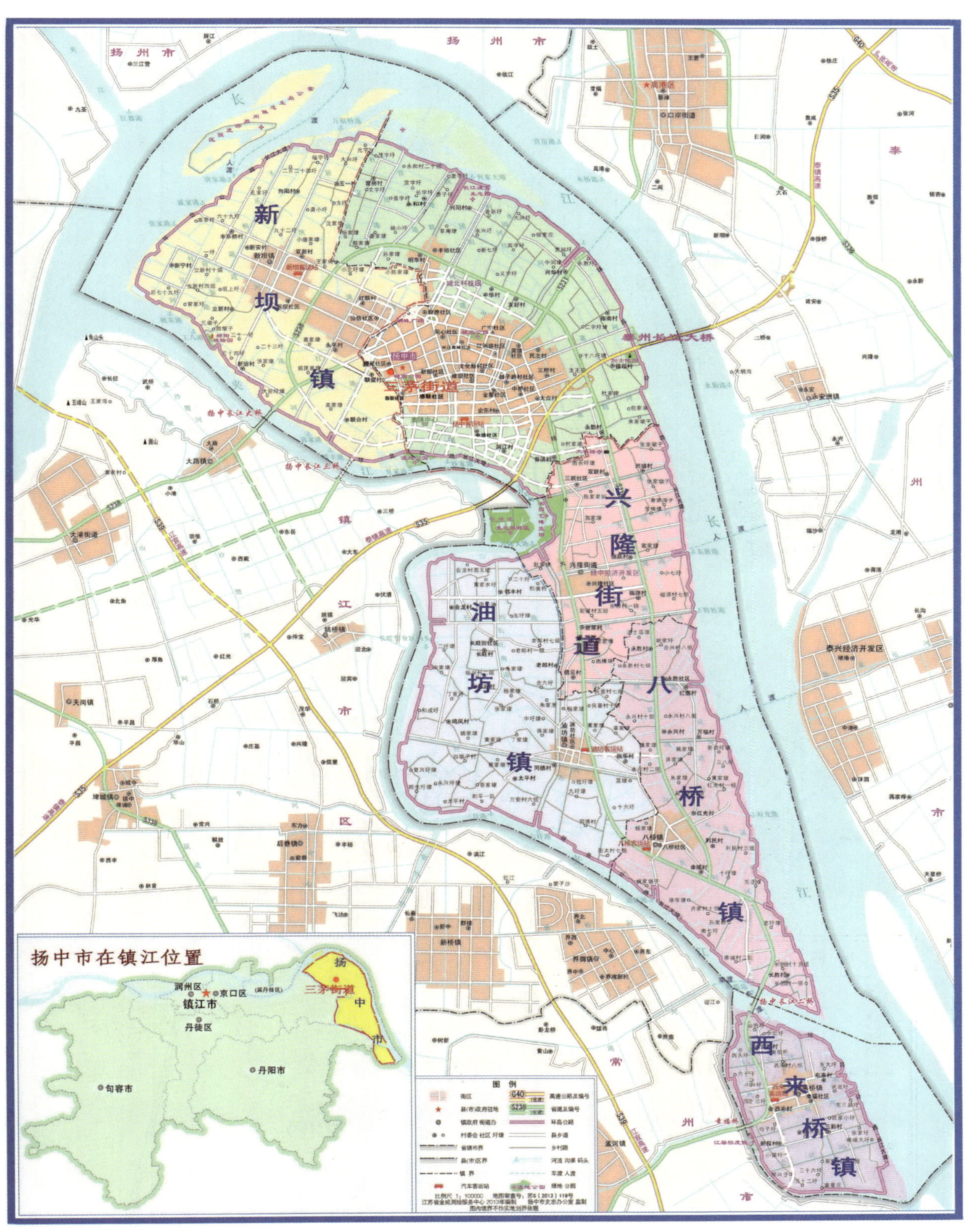

三茅街道导览图

历史文化陈列馆
江之源生态园
民俗馆
知青馆
营房村
秧草基地
长江渔文化生态园
永和村
渔趣园
兴阳村
党建文化园
长寿米
古树名木鉴赏园
"四千四万"精神陈列馆
初心号列车
传统村落
宽新圩红色教育基地
二墩港汽渡
S238
五虎圩
明华村
丰裕社区
百亩桃园
兴华村
WeWork帷幄创客空间
中华村
三茅大港
三二线
友好村
恒顺糯稻基地
指南村
新胜社区
明珠广场
君泰饭店
环城北路
广宁社区
学习强国线下体验馆
同心社区
城北公园
长江花城社区
民主村
江洲广场
英雄社区
江洲路社区
翠竹北路
中央商场
通达商厦
新天地购物中心
扬子河北路
长江大酒店
扬中市人民医院
新民社区
扬中市政府
三茅街道办事处
扬子中路
扬子西路
宜禾路
中电大道
文化新村社区
扬子商业广场
扬子新村社区
三桥村
新扬社区
建设社区
锦程村
月季花木基地
阜溧高速
港联社区
金星社区
中桥社区
大众村
新联社区
扬中大道
翠竹南路
企东村
迎宾大道
扬中森林公园
扬中博物馆
奥体中心
扬中汽车客运站
城南公园
中扬社区
王步高文苑
永勤村
荷花池
滨江大道
迎江路
滨江公园
滨江村
普济村
南湖农场
南湖实践教育基地
图 例
政府驻地
村（社区）
村（社区）界
镇 界
港、河道
主干道路
省道及编号
地 标

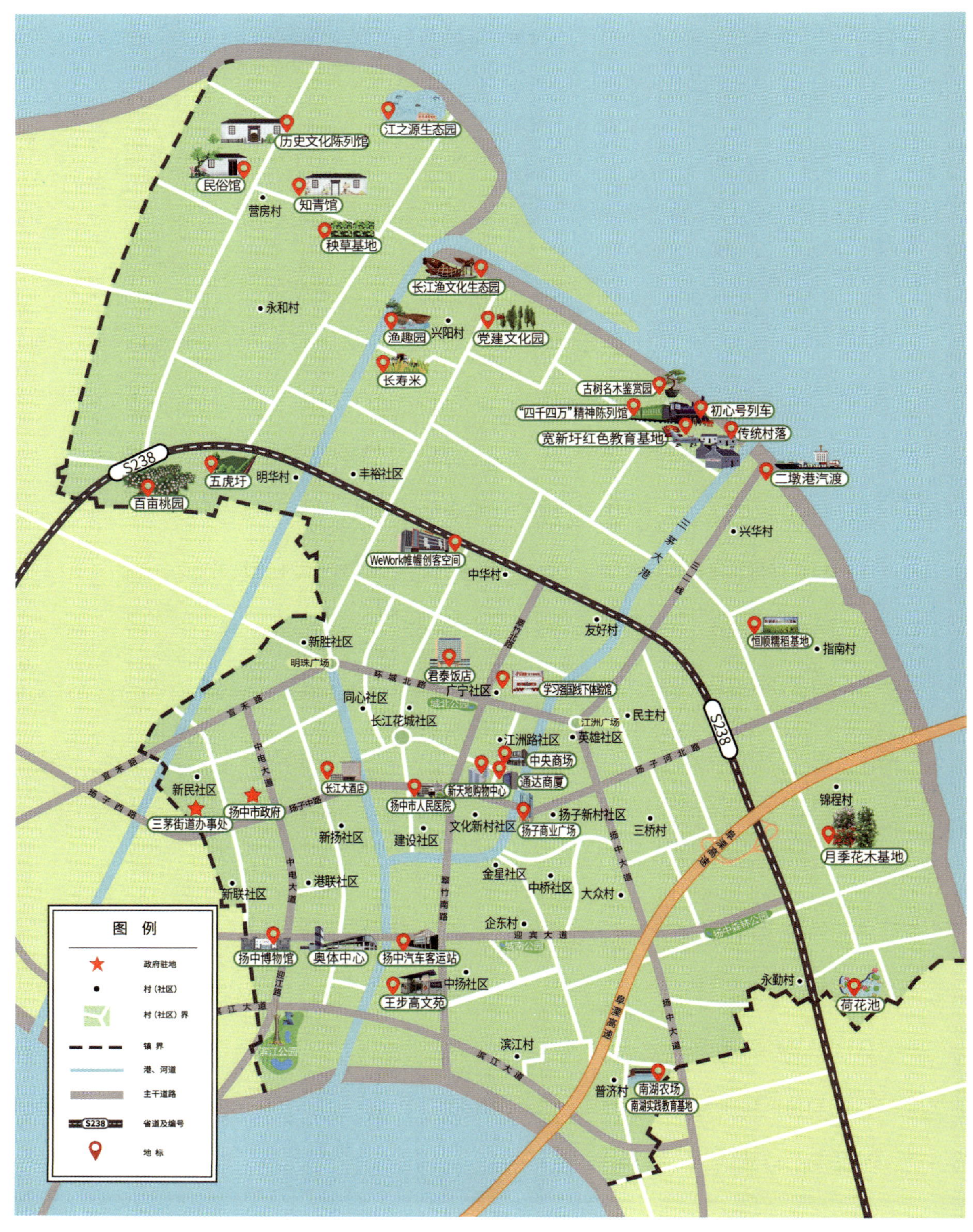

荣誉榜

- 国家园林城市
- 国家卫生城市
- 国家生态乡镇
- 全国环境优美镇
- 全国最美特色小城镇
- 中国人居环境范例奖
- 全国美丽宜居小镇
- 全国村镇建设先进单位
- 全国乡村治理示范乡镇
- 全国民主法治示范镇
- 全国群众体育先进单位
- 全国亿万农民健身活动先进镇
- 中国江鲜菜之乡
- 江苏省首批生态文明建设示范镇村
- 江苏省发展乡镇企业先进乡镇
- 江苏省星火计划技术示范实验基地
- 江苏省燎原计划技术示范实验基地
- 全省首批创新型乡镇
- 江苏省新型示范小城镇
- 江苏省工会工作模范镇
- 江苏省知识产权工作先进集体
- 江苏省基础教育先进乡镇
- 江苏省农村教育综合改革先进单位
- 江苏省教育现代化工程先进镇
- 江苏省群众体育先进集体
- 江苏省农林现代化试验示范镇
- 江苏省平安江苏建设先进集体
- 江苏省新农村新家庭示范镇
- 江苏省四星级“乡村旅游区”“工业旅游示范点”和“自驾游基地”

春风又绿三茅地——滨江村江畔　2020年摄

目　录

大江风貌　生态三茅

工商重镇　锦绣三茅

大江波涌襟海涛，聚沙成陆太平娇；邑乡九衢车如织，风光繁华人如潮。

奔腾的长江与滔滔东海，涵养着一枚水上明珠——锦绣江南、五业兴旺的梦里水乡扬中市。三茅街道地处明珠腹部，物阜民丰，经济繁荣。2011年起，连续10年位处“镇江市经济强镇（街道）”“镇江市财政收入十强乡镇（街道）”前列，跻身江苏省经济强镇（街道）行列。2021年，地区生产总值70余亿元。

三茅地域出水千年，成洲600余年，建置100余年。东南与兴隆街道接壤，西南依夹江与镇江市姚桥镇为邻，西与新坝镇毗邻，西北隔长江主航道与扬州市江都区大桥镇、泰州市高港区口岸街道相望。2021年，区域面积78.12平方公里，辖16个建制村、17个社区和扬中市科创产业园，户籍人口12.39万人，常住人口19.34万人，人口密度2476人/平方公里。市委、市政府驻地三茅街道新民社区，街道党政机关驻地新民路96号。

一个开拓创新的工业重镇

三茅乡镇工业孕育于50年代，是江南乡村工业的重要渊源，是“四千四万精神”主要发源地之一，经济和社会发展水平处于全省乡镇前列。1980年，社队工业门类有电器、机械、纺织、服装、电子等，销售4000万元，独占扬中社队工业半壁江山，领跑镇江市社队工业。

1984年10月27日，社会学家费孝通考察丰裕“铜匠村”（勇气村）时说：“乡镇工业是乡村发展的希望。”1988年，三茅域内3个乡（镇）被省政府列为对外开放重点工业卫星镇。1991—2001年，费老5次考察三茅。2001年3月24日，他说：“乡镇企业要把工业犹如撒沙般地扩散到乡间，直至进入农户的家庭……要使千家万户富起来。”高度赞誉三茅在市场经济浪潮中发展自我、走向全国的腾飞速度，寄望三茅继续探索新形势下可持续发展，加快培养新一代企业家队伍，努力构筑跨世纪发展的新优势。进入21世纪，街道（镇）党工委以科技创新为先导，引领工程电气向智能电气升级转型；积极发展外向型经济。2001年，工业销售27.23亿元，其中出口创汇250万美元，走在扬中前列，13家企业进入扬中市工业30强榜，获“江苏省发展乡镇企业先进乡镇”称号。2002年起，三茅引资、引智、引人，建立科研队伍，建设行业科技创新和产学研结合创新体系，实施知识产权战略，培育新的经济增长点，实现骨干企业技术研发机构全覆盖。2011年起，推进产业高端化发展，培育高新技术企业，开展国际科技合作与交流，促进产业结构优化和升级。至2021年，形成智能电气、新能源设备、轻工服装、冶金等支柱产业，工业销售额152亿元，同比增长12.5%，利税额36.53亿元。街道有工业企业527家，其中被认定省级以上高新技术企业52家、国家级3家。

一座市场繁荣的商贸名镇

三茅，扬中商贸发展的摇篮，农副产品集市形成于明朝年间。明末清初，“丁”字形街道形成，青砖小瓦、搭子板房屋排列于街面。有店铺五六十家、摊贩六七十个。逢时过节，四面八方客商汇集于此，摆摊买卖。大江南北商贩，摆渡过江贩卖日用商品，收购扬中土特产。民国初年，商家增至150余家，固定摊贩100余个。民国末期，兵连祸结，集市萧条，商家凋零。1949年4月，扬中解

锦绣三茅

四千四万
精神渊源

放，公私并举，发展商贸，老街东延西展南拓。60—70年代，店铺增加，商品增多，摊贩日多，域外商贾纷至沓来，内购外销，市井繁荣。

80年代起，街道拓宽，商店拆旧建新，推平房建高楼，商铺林立。1986年起，商贸体制改革，非公所有制商贸经济蓬勃发展。1993年起，结束计划商贸历史，推进流通体制改革，经营区域向域外拓展，购销两旺。进入21世纪，商贸设施建设加快，商贸楼宇如雨后春笋。大型商场、星级酒店先后建成，国内大型超市连锁店纷纷进入，商品应有尽有。商场、超市车水马龙，饭店、酒家宾客盈门。各品牌家具和汽车连锁店，多在域内抢占一席之地。市场繁荣堪与沪宁沿线中等城市媲美。2021年，社会消费品零售总额133.13亿元。

一个魅力独具的江鲜之乡

自成洲之初，三茅就与江鲜结下不解之缘，江鲜文化绵延千百年，融入三茅人血脉。

从2004年第一届江鲜美食节“独自吆喝”，到2021年第十八届江鲜文化节“全民狂欢”，“扬中江鲜”用十余年时间赢得“甲天下”美誉，扬中先后荣膺“中国江鲜菜之乡”“中国河豚美食之乡”“中国河豚文化之乡”称号。

“中国河豚岛”成为“世界认识扬中，扬中走向世界”的一个独特的地域标识和城市品牌。扬中凭借“敢为天下先”“拼死吃河豚”的气魄和胆略，拼出河豚烹饪“独门绝技”，拼出持续升温的文化节庆，拼出城市发展的绚烂春天。

三茅人对河豚怀有一种特殊的感情。清明前夕，品尝河豚美味，餐桌上散发着家常气息，你我他的点滴回忆，构成三茅江鲜美食记忆。第八届江鲜文化

滨江新城

美食节，28国驻华使节携夫人联合开展“最值得向世界推荐的河豚岛——扬中寻访之旅”。伴随着使节们从三茅出发的脚步，如诗如画的三茅风光、河豚绘画的水墨韵味、珍稀鱼类放养“母亲河”的生态行动、脍炙人口的江鲜美食文化，交融到世界文明里。各国驻华大使馆联合授予“江苏扬中——最值得驻华大使馆向世界推荐的中国河豚岛”牌匾。三茅聚集着扬中80%江鲜名店、名厨。特级河豚大师烹饪以河豚为代表的江鲜美食，让中外食客叹为观止，让日本、韩国等河豚食用传统国家的烹饪大师惊叹且仰慕。每年“江鲜美食节”期间总有5万余宾客莅临三茅。

一方生态自然的旅游热土

得天独厚的自然环境，造就三茅独特的江岛文化和移民文化。

三茅南北江畔长江大堤宛如巨龙横卧。漫步于堤顶，外可观大浪淘沙、惊涛拍岸、长虹卧波、渔歌唱晚的大江风貌；内可赏小桥流水、波光潋滟、花团锦簇、大棚成片的田园风光。条条大道如黑色丝带将景点串珠成链，各具特色景区景点如珠似玉镶嵌两边。

乡野，时尚别墅成群连片，庭院如花园，曲径通衢，小凉亭飞檐翘角，鱼池锦鳞嬉戏，满满江南园林风味。晨曦中，设施农业大棚金辉熠熠，内临四季如春。春花秋果，让人心旷神怡。农田里，春麦秋稻，波浪起伏，入田间，可享农事体验之愉悦。

传统村落凸显传统农耕文明。访老埭，游老屋，进农家，聆听美丽动人传说，可领略传统乡土文化之古朴醇厚。在农家大院小坐，享受“故人具鸡黍，邀我至田家”的恬美时光。明月清风作伴，江鲜米酒为餐，横笛竖箫凑趣，定当别有意趣。在生态休闲农庄，可随意近水垂钓，田间采摘，听鸟叫蝉鸣，卸却疲惫烦忧。乡音亲亲，乡情脉脉，身临仙境之感油然而生。

一座活力四射的幸福之镇

漫步于清代徽派建筑风格的古老大院和雕花门楼前，深深感受到百年县治之地的昔日风光，在三茅大港的桨声灯影里随潮汐轻轻流去，昨日辉煌已经结晶为历史经典。

现代的水流，漫过来，漾过去。三茅大港浩浩汤汤，唱响新时代乐章。新千年三茅犹如流光溢彩水彩画，着眼长远，统筹规划，科学发展，以宜居、宜业、生态、集约为理念，纳入扬中主城区建设规划。全新布局镇域政治、经济、文化中心板块。2001—2021年，建成拥有20多条繁华街道和200多幢高层、超高层建筑的现代化时尚都市。

惠民为先，实现集中居住。民宅从结茆成屋，变成花苑别墅。乡村居民区

五彩缤纷的滨江林木

2.83万独栋别墅和庭院俨然江南园林缩影。1800余万平方米住居楼群崛起。住居群落从条形圩埭到居民点、商住区、安置楼群，实现乡村城市化。硬质道路进组通户，公交车进村到社（区），标准化村社党群服务中心、卫生室、居家养老中心、体育健身场馆等便民惠民设施全面覆盖。推进公共服务均等化、城乡就业一体化、社会保障全面化，让万千百姓既留住乡愁，又享受城市繁华。经济社会发展，惠及民生。2021年，城镇居民人均收入6.01万元，农村居民人均收入3.58万元，就业率99%。社会保险应保尽保，覆盖率100%。“幸福三茅”系列工程深入实施，学有所教、劳有所得、病有所医、老有所养、住有所居的民生理想正转

滨江大道沿线风光

化为街道党工委一项项饱含温情的执政举措。

每一个工程，都是跳跃着的欢快音符；每一次创建，都是澎湃的激越乐章。荣誉室内，全国村镇建设先进单位、全国环境优美镇、全国群众体育先进乡镇、中国人居环境范例奖、国家生态乡镇、江苏省发展乡镇企业先进乡镇、江苏省卫生镇等匾牌、证书、奖杯，让人目不暇接。

勇担当　走前列

三茅，母亲河上明珠，江岛文化缩影，正沐浴着新时代的光辉，在习近平新时代中国特色社会主义思想指引下，努力创建“强富美高”的现代化新城，这颗世人瞩目的明珠明天必将更加璀璨辉煌。

街情概览

白浪茫茫与海连，平沙浩浩四无边。

暮去朝来淘不住，遂令东海变桑田。

白居易笔下洪涛变平野，碧波成桑田，正是三茅聚沙成洲的写照。宋代，境域升起第一缕炊烟。此后，一代又一代先民自大江南北纷至沓来，围圩圈地事农桑，栖居繁衍美家园。进入21世纪，经济发达，社会繁荣。拥有全国最美特色小城镇、全国环境优美镇、国家生态乡镇和江苏省发展乡镇企业先进乡镇、城乡建设先进集体等30多个省级以上先进称号。

历史沿革

街名由来

明朝中叶，茅山道院茅盈、茅固、茅衷三兄弟之信徒到古万寿洲，选风水宝地（今三茅大桥附近）建草房3间，开药铺兼营杂货，坐堂问诊，宣传道教。草房周边人气渐旺，渐成街市雏形。后世乡民在茅氏信徒故居原址，修建16间房屋为道院，塑道祖金身供奉，取名“三茅宫”，地域因之得名。

建置沿革

清光绪二十九年（1903）前，三茅地

域分属丹徒县、泰兴县管辖。光绪三十年（1904），太平洲独立建制后，属太平厅管辖。光绪三十二年（1906），太平厅设抚民府于三茅宫。宣统三年（1911），改太平厅为太平县，始设三茅乡。

1914年，改县名为扬中县，三茅乡改称三茅市。1927年，改设行政局。全县划为三茅等8个行政局，辖区司于市乡制。1929年，改称三茅镇。1945年起，复称三茅市。

1949年，撤三茅市设三茅镇。1950年，设三茅区。1952年，三茅镇为扬中县政府直属镇。1957年，撤区设乡，建设乡、大众乡、三茅镇合并为三茅乡。1958年，撤

大美新城区

三茅乡设三茅人民公社（简称公社）。1962年，三茅公社分设为三茅公社和三茅镇公社（后更名城镇公社）。1965年，三茅公社分设为大众、三茅2个公社。1972年，两公社合并为三茅公社。1983年，城镇公社改称三茅镇，三茅公社改称三茅乡。

1993年，三茅乡并入三茅镇。2001年，丰裕镇、三茅镇合并重组三茅镇。2005年，兴隆镇、三茅镇合并设立新建置三茅镇。2011年10月，撤销三茅镇建置，以其辖区域分设三茅街道和兴隆街道。

区划变迁

清光绪至宣统年间，三茅地域主要为古万寿洲。1932年，三茅称一区，辖三茅（镇）、中正、博爱、厚生、圌东、南屏、三滧、德润、钟灵、毓秀、北固11个乡镇。1934年，废闾邻制，实行保甲制，辖69个保。

1942年9月，扬中县抗日民主政府调整区乡，将全县6个区合并为3个区。原新坝区钟灵、毓秀、北固、厚生4个乡划属新一区（又称三茅区）。1945年7月，抗日民主政府将三茅镇改称三茅市，辖三茅镇及中正乡、钟灵乡、厚生乡。

1947年7月，全县设新坝、油坊两区署。原一区（三茅）所辖南阳、三阳、新民、宝善合并为召南乡，三茅、圌东、厚生、南屏合并为中兴乡，中正、三滧、博爱、德润合并为正德乡，钟灵、毓秀、北固合并为北屏乡，属新坝区署。

1949年4月，扬中县人民政府成立，全县划为4个区，三茅属一区。同时，改三茅市为三茅镇；撤销中正乡，改称大众乡；撤销开沙乡，划出北固乡东部地区，设板沙乡。

1950年1月，县政府设三茅区，三茅区增设民主乡、建设乡。1951年，三茅区辖毓秀、钟灵、北固、厚生、宝善、新民、博爱、德润、南屏、圌东、建设、板沙、民主、大众和三茅镇。1955年夏，县政府将全县6镇53个乡合并为25个乡镇。三茅镇辖地不变。1957年10月30日，撤销区设置，实行县乡制，建设乡、大众乡、三茅镇合并为三茅乡。

1958年10月，三茅乡改称三茅公社。1962年，从三茅公社划出集镇区域，成立三茅镇公社（后更名城镇公社）。1965年，三茅公社东片成立大众公社，西片仍称三茅公社。1972年4月，大众、三茅两公社合并为三茅公社。1976年，三茅公社英雄、民主、建宁、建设4个大队划归城镇公社。

1983年3月，城镇公社更名为三茅镇，三茅乡金星村划属三茅镇。1993年9月，撤销三茅乡，并入三茅镇。2001年3月，三茅镇、丰裕镇合并为三茅镇。2005年11月，三茅镇、兴隆镇合并设立新建置三茅镇。行政区域面积133.19平方公里，人口13.09万人，辖36个村、15个社区。

2011年10月，撤销三茅镇建置，设立三茅街道和兴隆街道。2021年，三茅街道行政区域面积78.12平方公里，辖村16个、社区17个，村（居）民小组535个，常住人口19.34万人。

建制村（社区）概况

滨江村　2001年，南屏村和滨江村合并组建南江村，2010年，勤丰村和南江村合并为滨江村，面积4.2平方公里，其中耕地1871亩。辖村民小组38个，居民2789户，人口5850人。2021年，三业总产值6亿元，村收入300万元，居民人均收入3.53万元。曾获国家民主法治示范村、生态村、综合减灾示范社区，江苏省生态村、卫生村、社会主义

江苏省特色田园乡村——明华村

水美乡村

新农村建设示范村等称号。

大众村　2001年，由原大众村和友爱村合并组建，面积1.89平方公里。辖村民小组17个，居民1667户，人口5001人。大众村特色竹器产品筐篮、簸箕、匾子深受大江南北居民青睐。2021年，三业总产值1.4亿元，村集体收入259万元，居民人均收入3.35万元。曾获江苏省卫生村、民主法治示范村、社区侨务工作示范单位等称号。

锦程村　1997年，由板沙村、东方村合并组建，面积2平方公里，其中耕地853亩。辖村民小组29个，居民742户，人口2583人。2021年，三业总产值1.42亿元，村集体收入256万元，居民人均收入3.5万元。曾获江苏省生态村、“三化”示范村、康居示范村等称号。

民主村　2001年，原民主村和群英村合并为民主村，2004年民主村和前进村合并

兴阳村

组建民主村，面积3.9平方公里。辖村民小组28个，居民1361户，人口4854人。2021年，三业总产值1.8亿元，村集体收入400万元，居民人均收入3.87万元。曾获江苏省首批新农村建设示范点、健康村、卫生村、康居示范村等称号。

明华村　2004年，由光明村和光华村合并组建，面积3.4平方公里，其中耕地面积1860亩。辖26个村民小组，居民962户，人口3300人。2021年，三业总产值5.3亿元，村收入360万元，居民人均收入3.58万元。曾获江苏省民主法制村、生态村、创意休闲农业示范点、特色田园乡村等称号。

普济村　2004年，由普庆、普收、普丰3村合并组建，面积3.2平方公里，其中耕地970亩。辖村民小组37个，居民1108户，人口5572人。村内南湖农场是省级红色教育基地和四星级乡村旅游景点。2021年，三业总产值3.2亿元，村集体收入255万元，居民人均收入3.58万元。曾获江苏省卫生村、镇江市新农村建设"双百"工程先进村等称号。

企东村　2001年，由原企东村和东升村合并组建，面积1.11平方公里，其中耕地面积570亩。辖村民小组19个，居民630户，人口2864人。2021年，三业总产值3732万元，村集体收入217万元，居民人均收入3.58万元。曾获江苏省民主法治示范村、十佳村居集体、文明村、健康村等称号。

三桥村　2001年，由原河南、博爱、三桥3村合并组建，面积2.5平方公里。辖花园新村和30个居民小组。住户160户，人口4998人。竹制筛子是传统手工业产品。2021年，三业总产值2.2亿元，村集体收入260万元，居民人均收入3.85万元。曾获江苏省文明村、平安村等称号。

兴华村　2006年，由原兴华村和团结村合并组建，面积3平方公里，其中耕地面积849亩。辖村民小组18个，居民629户，人口2128人。2021年，三业总产值5亿余元，村集体收入300万元，居民人均收入3.57万元。曾获江苏省文明村、卫生村等称号。

兴阳村　2003年，由长兴村与朝阳村两村合并组建，面积6平方公里，其中长江滩涂湿地3平方公里、耕地733亩。辖村民小组29个，居民1043户，人口3268人。村内长江渔文化生态园是省级生态旅游景点，集珍稀鱼类养殖和渔文化展示为一体。2021年，三业总产值4.2亿元，村集体收入320万元，居民人均收入3.9万元。曾获江苏省特色田园乡村、最具魅力休闲乡村、生态文明示范村、特色景观旅游名村、水美乡村、休闲农业精品村、电子商务示范村等称号。

营房村　2001年，由永丰和原营房合并组建，面积3.5平方公里，其中耕地2100余

营房村

友好村

中华村

亩，下辖村民小组19个，人口2046人。村内有清代村史陈列馆与知青陈列馆。2021年，三业总产值1.31亿元，村集体收入320万元，居民人均收入3.6万元。曾获江苏省文明村、特色田园乡村、卫生村、生态村、水美乡村、省健康村称号。

永和村　2001年，裕华村和勇气村合并为和气村，2010年，和气村和永新村合并组建永和村。面积4.5平方公里，其中耕地3330亩。辖村民小组35个，居民1056户，人口4286人。60年代起，勇气村以铜匠作坊和铜制品闻名扬中，驰誉大江南北，扬中人称之为铜匠村。2021年，三业总产值6亿元，村收入300万元，居民人均收入3.53万元。曾获江苏省卫生村、生态村、农村环境整治示范村、水美乡村等称号。

永勤村　2001年，由年丰村和原永勤村合并组建，面积2.5平方公里，其中耕地1400亩。辖村民小组25个，居民834户，人口3253人。产业化经营是村农业经济发展特色。2021年，三业总产值3.6亿元，村集体收入187万元，居民人均年收入3.6万元。曾获江苏省新农村建设示范单位、卫生村、健康村、创业型（社区）村等称号。

友好村　2010年，由原友好村和东风村合并组建，面积3.77平方公里，其中耕地1874亩。辖村民小组31个，人口3364人。村内初心号列车和“四千四万精神”陈列馆是闻名省内外的红色教育基地和旅游景点。2021年，三业总产值6.16亿元，村集体收入402万元，居民人均收入4.09万元。曾获全国综合减灾示范社区，江苏省“三化”示范村、水美乡村、创业示范基地、农业科技服务示范站等称号。

指南村　1983年，由指南大队更名指南村。面积1.5平方公里，其中耕地700余亩。辖村民小组18个，居民678户，人口2068人。域内滩涂盛产杞柳，柳工艺品制作为指南村传统产业。2021年，三业总产值6.8亿元，村收入186万元，居民人均收入3.6万元。曾获江苏省文明村、卫生村等称号。

中华村　2010年，由钟灵、永固和原中华3村合并组建，面积4.8平方公里，其中耕地2760亩。辖村民小组37个，居民1184户，人口3760人。2021年，三业总产值6亿余元，村收入192万元，居民人均收入3.6万元。曾获江苏省卫生村、美丽乡村、生态文明建设示范村等称号。

长江花城社区　2019年，由长江花城居委会改建，面积0.42平方公里，辖居民小组27个，居民3381户，人口13023人。聚集单位、商户320家。2021年，社区收入168万

普济村农民游乐园

绿色城郊

元，居民人均收入6.12万元。曾获江苏省健康社区、绿色社区、文明社区等称号。

丰裕社区　2004年，裕兴村和五星村合并为裕星村，2010年，裕星村和丰裕桥集镇社区合并组建。面积3.36平方公里，居民1323户，人口3705人。2021年，三业产值8.5亿元，社区收入180万元，居民人均收入4.8万元。曾获国家级充分就业示范社区、综合减灾示范社区，江苏省和谐社区建设示范社区等称号。

港联社区

港联社区　2004年，由原沙港村和新联村合并组建，面积3.6平方公里，域内有省重点中学江苏省扬中高级中学，省教科研示范基地扬中市外国语小学，扬中奥林匹克体育中心，扬中博物馆；有居民点5个，居民小组26个，居民1704户，人口6053人。2021年，二、三产业总值4.03亿元，社区收入450万元，居民人均收入5.98万元。曾获江苏省民主法治社区、绿化生态社区、群众体育工作先进集体等称号。

广宁社区

广宁社区　2002年，由原建宁村和建中村合并组建，面积2平方公里，辖居民小组29个，居民3473户，人口11583人。城北公园坐落区内。2021年，二、三产业总值15.8亿元，社区收入450万元，居民人均收入6.5万元。域内有省实验小学扬中市实验小学。曾获全国综合减灾示范社区，江苏省和谐示范社区、社会主义新农村建设示范村、绿色社区、民主法治示范社区等称号。

建设社区　2002年，由村、居合并组建。面积1.02平方公里，为三茅街道商住集中区，辖居民小组15个，居民3800余户，人口12071人。扬中市人民医院坐落域内。2021年，二、三产业总值5.63亿元，社区收入210万元，居民人均收入6.25万元。曾获江苏省绿色社区、充分就业示范社区等称号。

江洲路社区　2002年，由文化路居委会、前进新村居委会、友谊新村居委会和江洲小区居委会合并组建，面积0.7平方公里，为集中商住区，有商户1000余家，居民小区5个，住宅楼129幢，居民小组5个，居民3876户，人口12035人。2021年，社区收入225万元，居民人均年收入6.1万元。曾获江苏省和谐示范社区、民主法治示范社区、省级居民学校等称号。

金星社区　2004年，由村、居合并组建。面积0.98平方公里，为商住、工厂区，有商铺1000余家，工厂600余家，辖居民小区5个，居民小组8个，人口3227人。域内有镇江名校扬中市第一中学。2021年，二、三产业总产值12亿元，社区收入186万元，居民人均收入6.21万元。曾获江苏省科技示范社区、绿色社区、科普示范社区等称号。

同心社区　2003年，由村、居合并组建。面积0.5平方公里，辖居民小组11个，居民小区7个，居民1215户，人口4981人。2021年，二、三产业总值5亿元，社区收入159万元，居民人均收入5.98万元。曾获江

新联社区

苏省绿色社区、先进电子阅览室等称号。

文化新村社区　2002年，由文化新村居委会改建，面积1平方公里，辖居民楼168栋，居民2321户，人口6649人。2021年，社区收入204万元，居民人均收入6.21万元。曾获江苏省文明社区、和谐社区、充分就业社区、城市管理示范社区、民族宗教示范社区等称号。

扬子新村社区　1996年，建扬子新村居委会。2002年，改建社区。面积1.5平方公里，辖住宅小区25个，居民2096户，人口6200人。社区收入168万元，居民人均收入5.95万元。曾获江苏省民主法治社区、健康社区等称号。

新民社区　2002年，村居合署。2010年，改建社区，为扬中市政府和三茅办事处驻地，面积1.62平方公里，辖居民小组18个、居民小区6个，居民户1430户，人口4512人。2021年，三业总产值4.78亿元，社区年收入300万元，居民人均收入6.21万元。曾获江苏省充分就业社区、绿色村庄等称号。

新胜社区　2002年，村、居合署。2010年，改建社区。面积1.06平方公里，辖居民小组15个，居民小区3个，居民2848户，人口6235人。2021年，三业总产值5.2亿元，社区收入300万元，居民人均收入6.12万元。曾获江苏省和谐示范社区、绿色社区、民主法治建设示范社区、关心下一代工作先进集体等称号。

新联社区　2019年，由港联5个居民区和驻区单位组建，面积0.34平方公里，辖居民小区5个，常住居民户1532户，人口4750人。2021年，居民人均收入5.95万元。曾获江苏省优秀志愿服务社区、书香阅读示范社区等称号。

新扬社区　2003年，由村、居合并组建，面积1.1平方公里，辖居民小组13个，居民小区10个，居民320户，人口9897人。二、三产业总产值3.8亿元，社区收入310万元，居民人均收入6.2万元。曾获江苏省绿色社区、民主法治示范社区、社会主义新农村建设示范社区、敬老模范社区等称号。

英雄社区　2002年，由村、居合并组建，面积1平方公里，辖居民小组14个，居民1919户，人口6958人。区内有扬中市中医院、扬中市青少年活动中心、扬中市第一中学教育集团江洲中学和近1000家商贸企业。2021年，二、三产业总值2.83亿元，社区收入220万元，居民人均收入6.32万元。曾获全国防灾减灾示范社区、江苏省科普示范村等称号。

中桥社区

中桥社区　2002年，由中桥村和南园新村合并组建。面积1.5平方公里，辖居民小组36个，居户2893户，户籍人口6321人，暂住1800余人。2021年，二、三产业总值6.7亿元，社区收入300余万元，居民人均收入5.96万元。曾获全国抗震减灾示范社区，江苏省社会主义新农村建设先进村、城市管理示范社区、电子商务示范社区等称号。

中扬社区　为拆迁安置小区，2020年，由原中扬康居苑居委会改建。面积0.12平方公里，有商住楼23幢，辖居民小组23个，居民1722户，常住人口4987人。2021年，居民人均收入6万元。

附录一　撤销的建置镇

丰裕镇　位于太平洲本岛西北部，东与三茅乡相邻，南与联合乡交界，西与新坝镇接壤，北临长江主航道，陆地面积21.3平方公里。镇政府驻丰裕桥集镇。辖14个建制村、178个村民小组；有自然埭166个，居民5795户，总人口1.95万人。1993年，撤乡建镇。2000年，有耕地1.65万亩，粮食总产1211万公斤；多种经营产值3270万元；工业总产值6.22亿元。村组公路总里程31.85公里。2001年3月，丰裕镇与三茅镇合并组建新的三茅镇。

三跃镇　位于太平洲本岛中部，东濒长江主航道，南界兴隆镇，西临夹江，北接三茅镇，总面积21.4平方公里。辖16个建制村、214个村民小组。乡政府驻三淯集镇。1988年，三淯乡更名为三跃乡。1994年10月，撤乡建镇。2000年，有居民户7775户，总人口2.07万人；耕地17057亩，粮食总产量1076万公斤；多种经营产值4260万元；工业总产值4.66亿元。2001年3月，三跃镇撤销，并入兴隆镇；2005年，随兴隆镇并入三茅镇。2011年10月，三茅和兴隆两个街道办事处分设，原三跃镇部分村（社）隶属三茅街道。

兴隆镇　位于太平洲本岛中部，东濒长江，南界永胜、油坊，西毗长旺，北接三跃，西北临夹江，总面积13.6平方公里。镇政府驻地兴隆集镇，辖11个建制村、142个村民小组。居民4915户，总人口1.57万人。2001年3月，撤销三跃镇和兴隆镇，组建新建置兴隆镇，总面积50.1平方公里。下辖27个建制村，总人口3.50万人。耕地2.80万亩，粮食总产1566万公斤。工业以塑料编织、塑料仪表、管件阀门和家具等产品制造加工为主，2005年总产值17.77亿元。238省道穿镇而过，有镇村级硬化道路19条，有通江大港5条。是年11月，撤销兴隆镇，整建制并入三茅镇。2011年10月，设立兴隆街道办事处，所辖地域同江苏省扬中经济开发区。

附录二　撤销建制的村

1996—2021 年三茅街道（镇）撤销的建制村情况表

表 1

序号	村名	面积（平方公里）	耕地面积（亩）	人口（人）	工农业总产值（万元）	撤销年份
1	建宁	0.90	189	886	14200	1996
2	建中	1.10	729	1157	3400	1996
3	板沙	0.80	550	840	1055	1997
4	东方	1.20	730	1165	1320	1997
5	东升	0.53	857	1411	127	2001
6	河南	0.75	72	1500	150	2001
7	博爱	0.79	85	1800	150	2001
8	年丰	1.50	1100	1810	1600	2001
9	勤丰	1.20	1250	896	1300	2001
10	友爱	0.70	425	830	1085	2001
11	群英	1.81	191	1971	5621	2001
12	战斗	1.72	185	1876	3862	2001
13	勇气	1.86	193	1953	5631	2001
14	长兴	1.80	1106	1795	1250	2003
15	朝阳	1.20	676	1205	1600	2003
16	沙港	1.50	706	1302	2600	2004
17	新联	2.00	1100	2305	3600	2004
18	钟灵	1.90	1319	2023	7152	2004
19	光华	1.80	1050	1643	4178	2004
20	前进	1.10	421	873	4800	2004
21	裕兴	1.04	405	923	1553	2004
22	五星	1.12	432	845	1138	2004
24	光明	1.53	931	1495	8130	2004
25	光华	1.67	929	1703	11352	2004
26	普庆	1.27	403	1923	4317	2004
27	普丰	0.98	465	1102	1200	2004
28	普收	1.06	474	1857	3926	2004
29	团结	1.27	403	756	823	2006
30	南屏	1.83	1863	2357	5023	2010
31	东风	2.79	836	1325	2379	2010
32	永固	2.90	454	1267	2213	2010

说明：①表中数据为该村撤销年份数据；②建制村改建为社区的未列入本表

灯火璀璨的新城区

自然环境

沧海桑田

洲地形成

风急千重浪，潮生万顷沙。东晋年间，今三茅境域为长江入海口，时有小沙洲露出水面。隋唐至北宋期间，涨成长约30多公里沙洲群，南宋统称诸沙为“小沙”。明初开始形成德兴洲、万寿洲、细民洲等较大洲地，但涨坍无常。明弘治八年（1495），黄河夺淮，其中一支流南下，与淮水合流于三江营入长江，泥沙剧增。因受长江入海口地脊阻碍，水流变缓，泥沙淤积，形成一批新沙洲。清咸丰五年（1855），黄河北归，诸沙洲接涨。清光绪年间（1875—1908），诸沙续涨连片，以德兴洲、万寿洲、永安洲、细民洲为主体的三茅街道地域初成。

围垦造田

南宋建炎年间(1127—1130),韩世忠驻军韩桥,派部至小沙造田,种植苜蓿以饲军马。明成化年间(1465—1487),朝廷遣退役兵士(时称棚兵,集体退役后称棚民)进太平洲围滩造田。有史可查的,有张家大棚(今建设社区15组张家村)、何家大棚(今联丰港何家大桥东西一带)和蒋家大棚(今丰裕五星南部)。移居先民,依埂傍水造田种粮。清嘉庆年间(1796—1820),官府招募民众新开港道5条,将德兴洲分5段开发,二段东侧部分地域和三至五段为今三茅地域。咸丰年间(1851—1861),数万避战乱者到三茅定居。光绪末年,条状圩埭形成,前河后港,农田连片。

江岸变迁

大江岸线　西起杜家港,东至年丰港口,全长16.47公里。受大江偏泓冲刷,杜家港口东西两侧江滩时有坍塌。2003年起,用沉石法治坍,江岸渐稳。杜家港东侧500米处至二墩港之间岸线外凸,水流平缓,江滩淤涨。1954—2021年,部分岸线江滩坍进40米—100米,最宽处190米,沉石治坍始固。部分岸线沙滩淤涨,宽度480米—1000米,最宽处达1800米,新增沙滩面积100余公顷。2017年11月8日,二墩港向东指南村江堤坍塌,长240米,进深最宽处190米。筑退堤长1500米,堤外沉梢抛石止坍,江岸始固。

夹江岸线　全长4.34公里。西南段受江流偏泓冲刷,坍塌较多。1947年4月,江苏省行政会议提案言及沙家港至兴隆十八亩处“数十年来损失农田不下数万亩”,“灾区绵亘10余里,为全县之巨患”。1949—1967年,修筑退堤保安全。1968—1991年连续治理,江岸坍止堤固。80年代前,沙家港向东岸线江滩部分坍塌,宽度40余米,面积800余亩,抛石止坍,岸线稳定。后部分江滩淤涨,至2021年,淤涨宽度40—120米,面积100余公顷。

气候　物候

气候　四季分明,气候温和。春季雾日和大风较多,冷暖空气频繁交替,温度变化大,升温快;冷空气频繁南下,常伴有降水,偶有春雪。初夏降水频繁,常有暴雨、雷暴、冰雹、阵风等强对流天气出现,梅雨季节结束进入盛夏高温期,偶有雹灾发生。历史最高气温40.1℃。秋季天高云淡,温湿宜人,初秋偶有“秋老虎”出现;白露节气天气凉爽,有时秋雨连绵；深秋时节，时有寒潮来袭，常伴有大风、降温、浓霜和雨雪等灾害性天气。冬季寒冷干燥，平均气温3.4℃，如强寒潮侵袭时，最低气温-10℃以下。

物候　刺槐、楝树为植物候标志。农谚说“三月要到了，刺槐腰里放花苞”“十月稻田黄，楝树果子落满场”。刺槐展叶始期4月8日，开花始期4月29日。楝树展叶始期4月18日，果实成熟始日10月25日。家燕、蚱蝉是动物候标志。农谚说“进了三月初，紫燕来做窝”“五月到，假溜（蚱蝉）叫”。家燕始见最早3月10日，绝见最早为8月12日。蚱蝉始鸣最早为5月25日，终鸣最早为8月9日。

自然资源

水资源　域内河流纵横交错，水资源充沛。河道总长28.51公里，另有众多圩内排灌沟渠，河网密度6.9公里/平方公里，长江过境水域面积33.26平方公里，4座通江节制闸和20多座通江涵闸每天可引江水700余万立方米。地表水年均总量1973万立方米。地下水丰富，单井涌水量10—100吨/日。

土地资源　全域面积78.12平方公里，可耕地1793.33公顷。土地由长江泥沙沉积母质发育而成，主体属黄色、褐黄色沙黏土。人们在长期生产实践中，不断改良土壤，依据土壤性态，合理利用土地资源。

动植物资源　域内动植物种属类同江南平原地区，无大体型凶猛禽兽，有小动物和家禽家畜50余种，有各类农作物和野生植物150余种。

自然灾害

史载洪涝灾害，1901—1949年有7次，1954—1975年有5次。80年代起，水利设施日臻完善，未出现洪涝灾害。进入21世纪，雾霾、台风随季节对域内产生影响。2008年初暴雪，积雪深度39.5厘米，造成直接经济损失60余万元。历史上时有坍江发生。中华人民共和国成立后，各级党政组织高度重视坍江治理，成功止坍固堤。

1977年3月2日寒潮中的三栏公路雾凇

人口

三茅先民多为大江南北到此谋生贫民，其中有湘鄂到扬子江水域捕鱼的贫苦渔民和众多战乱避难者。

人口数量

域内户籍人口，1961年，三茅公社1.54万人，丰裕公社1.53万人，大众公社1.37万人，三溜公社1.78万人；1981年，城镇公社1.12万人，三茅公社2.21万人，丰裕公社1.95万人，三溜公社2.21万人；2001年，三茅镇9.45万人，其中男性4.72万人，女性4.73万人。

2021年，街道户籍人口12.39万人，其中1—14岁21778人，15—59岁76299人，90—99岁476人，百岁老人10人。是年出生1158人，出生率0.93%。常住总人口19.34万人，其中男性9.49万人，女性9.85万人，男女比例96.35∶100。

民族状况

以汉族为主体。2021年，少数民族人口199人，其中回族47人、苗族23人、土家族57人、壮族16人、朝鲜族21人、蒙古族35人。

文化程度　健康

2021年，域内常住人口中有各种文化程度人口17.97万人，占人口总数92.92%。其中，高中（含中专）学历3.22万人、大学（含大专）学历4.15万人、硕士237人、博士53人。人口健康率99.05%，人口平均预期寿命78.8岁。

温馨家庭休闲时光

2021 年三茅街道健在百岁老人情况表

表 2

姓　名	性别	出生年月	家庭住址
何耿氏	女	1919 年 11 月	滨江村南江 541 号
陆沙氏	女	1920 年 2 月	中华村 13 组
解其寿	男	1920 年 11 月	永勤村 371 号
王艳秋	女	1921 年 3 月	兴华村 255 号
石明成	男	1921 年 3 月	兴阳村 343 号
朱老大	女	1921 年 4 月	新民 2 区 23 号
张声强	男	1921 年 5 月	广宁社区 372 号
唐根中	男	1921 年 9 月	文化北路 10 号
孙长英	女	1921 年 11 月	新胜东区 32 号
朱蒋氏	女	1921 年 12 月	中华村 435 号

经济发展

明末，移民渐多，结庐安居，理水造田，兴农桑、养畜禽、事渔猎。清代至民国，三茅集镇工商渐兴，成为扬中工商中心。中华人民共和国成立后，三茅街道（乡、镇、公社）先后制订实施13个五年规划（计划）。50—70年代，三茅农村以农业经济为主体。改革开放后，发展现代化农业，加快工业化进程，推进服务业发展。进入21世纪，工业和商贸向现代化转型，生态农业快速发展，旅游产业异军突起，经济发达，社会繁荣。2011年起，连续10年位居镇江市经济十强镇榜前列，跻身江苏省经济强镇行列。2021年，实现地区生产总值170余亿元，实现一般公共预算收入9.27亿元。

第一产业

传统农业　传统农业以粮食生产为主，兼以扶桑养蚕、植麻种棉、畜禽饲养、水产养殖。80年代前，三茅在镇江地区以粮田高产著称。

设施农业　90年代起，三茅地区传统农业向设施农业转变。培育家庭农场、农民合作社等新型设施农业经营主体，发展多种形式适度规模经营。2021年，有家庭农场76家。家庭农场经营比重占农业比重45.52%。设施种植面积200余公顷，主要为蔬菜、水果。设施养殖面积335公顷，智能控温大棚育刀鱼苗1.2万余尾，规模化养殖特种江鲜河

丰收的田野

世纪金源广场商贸片区

豚、刀鱼、鲈鱼、鳜鱼、江蟹和其他传统淡水鱼类。当年，上市水产品2274吨。生猪规模化养殖，出栏生猪1.13万头，存栏7503头；出栏家禽15.63万羽，存栏13.27万羽，禽蛋产量935吨。

观光农业　进入21世纪，三茅街道利用城郊空间、农业资源、民俗风情和乡村文化，合理规划、科学设计、精心施工，建设具有农业生产、生态、生活于一体的观光农业区域。各具特色的农业项目深度融合，乡村颜值不断刷新，入眼皆风景，村村皆不同。

第二产业

工业　经过50—90年代发展，三茅街道形成智能电气、新能源、纺织服装、特钢冶炼、汽车饰件、环保设备为主体的多元化工业经济格局。2021年，有工业企业527家，其中扬中市“六十强企业”13家（含“三十强企业”6家）、规上（骨干）企业67家。工业销售额152亿元，利税17.12亿元。

建筑业　三茅地区传统产业。60—90年代，发展迅速。1998年，安装工程公司6家，建筑施工队伍32个，业务遍及苏南，远涉新疆、内蒙古、天津、河北。2021年，有建筑企业24家，占全市建筑企业总数41%，其中，扬中市建筑安装工程有限公司、江苏旭阳建设投资集团有限公司等为享誉省内外的规模建筑企业。建筑从业人员6200余人，年产值22.21亿元，占全市建筑业总产值87.73%。

第三产业

商贸　三茅为扬中商贸发源地，明代有茅山道教信徒的药铺、杂货铺等店铺。历经400余年发展，三茅成为扬中商贸中心。2021年，有商业网点6000余家，从业人员1.97万人。聚集全市全部大型商贸企业。社会消费品零售总额133.13亿元，城乡集市贸易成交额12.75亿元。进出口总额3280万美元，其中进口1081万美元，主要商品有新能源、机械设备；出口2199万美元，主要商品有智能电气、新能源设备和工艺品。

交通　三茅具有水运、陆运、空运区位优势。30年代，开通常州、镇江水运客轮班线。50年代，开通至镇江、常州汽车客运班线。进入21世纪，南有货运码头沙家港，北有汽渡码头二墩港（扬中—高港）。阜溧高速通道横穿三茅，域内设有扬中唯一进出口收费站。距高铁镇江大港南站15分钟车程，有公交班车通达。市长途汽车客运总站有30余条长途班线。距常州国际机场、扬州泰州机场各30分钟车程，距南京禄口国际机场1.5小时车程，有汽车客运班车通达。智能公交覆盖全域，镇村公交通达率100%。4条城际公交班线通达常州、镇江。域内有物流、快递企业30余家，货运便捷。

金融　1924年，《江苏省公报》3887期《江苏省工业概况》言及扬中“金融往来，均以镇江为归宿，纯处于被动地位，典钱两业均不发达”。1934年，三茅街设江苏省农民银行扬中办事处，时停时复，1949年4月由县人民政府接管。1949年5月，建立扬中金库。1950年4月，建立中国人民银行扬中县支行。1953年6月，农村信用合作社建立。60年代起，中国工商银行、中国农业银行、中国建设银行等国有银行相继在三茅街设立支行和营业网点。2021年，域内有中国人民银行和中国工商银行、中国银行等5家国有银行及江苏银行、农商银行等11家地方银行支行或办事处，有营业网点27个。年末，各类存款余额107.75亿元，各项贷款余额78.32亿元。太平洋、平安、华夏、天安等9家保险公司设立支公司或代办处（点）。

社会事业

扬中高级中学

教育

清代和民国年间，三茅有私塾60所。光绪三十三年（1907），创办县立第一高等小学堂。50—60年代，有小学30—35所，中学1所。2021年，有幼儿园11所、小学8所、初级中学4所、四星级高中2所（其中江苏省扬中高级中学为省重点高级中学）、特教学校1所、高等职业技术学院1所。有教师2077人，在校学生3.01万人。近10年间每年对教育投

入均在3000万元以上。教育事业迅速发展，为经济持续、稳定发展提供了强有力智力支撑。

卫生

1952年，设立同康诊所。1956年，设立三茅联合诊所。1958年，两诊所合并成立三茅公社卫生院。1968年，成立城镇医院。70年代，兴办农村合作医疗，形成初级医疗卫生保健网络。1992年1月，三茅卫生院与城镇医院合并成立三茅地区中心卫生院。1995年3月，通过镇江市一级甲等医院验收。1998年，被卫生部评定为“定点乡镇卫生院”。2000年，创立镇江市首家全国肛肠病专家会诊中心。2003年12月，合并丰裕卫生院组建三茅地区中心卫生院，同时设立三茅镇社区卫生服务中心和29个社区卫生服务站。2021年，中心卫生院有医务人员215人，设29个科室，肛肠科和五官科为特色科室；有电子胃肠镜、508监护系统等医疗设备，病床120张，年门诊量15万余人次。域内有市人民医院、市中医院和城西卫生服务中心（市人民医院分院），在全市率先实现市、镇（街道）、村（社区）三级医疗卫生网络全覆盖目标。

文化

中华人民共和国成立后，党和政府注重文化设施建设，至2021年，域内有文化馆（站）、影剧院、图书馆、博物馆、阅览室、娱乐场（室）等文化设施67处（个）。90年代起，扬中影剧院先后接待中央广播艺术团、东方歌舞团、上海越剧团等30多个省级以上艺术团体演出。著名演员钱浩梁、李谷一、阎维文、宋祖英、王文娟、王馥荔、马季、冯巩、姜昆和电视节目主持人倪萍、刘璐、白岩松等数百名文艺界名人曾到此登台献艺。

街道以“群众演、群众看、群众乐”的形式，每年举办多场大型文化艺术节和群众性文艺演出，活动从“送文化”到“种文化”，各村、社区每年举行文化节，呈现出“城乡无处不飞歌”的文化氛围。进入21世纪，组织系列文艺活动300余场次。文艺创作屡屡获镇江市以上表彰。2006年，小品《有喜临门》获省创作、演出金奖。2019年，“城乡结对文化共建项目”获省委宣传部表彰。推进家庭图书馆建设，组织“全民精细化常态化阅读”，获省“农家书屋提升工程试点单位先进乡镇”称号。街道文化站被评为“江苏省三星文化站”。

2014年8月26日，扬中市第一中学女子少年曲棍球队参加南京全国青奥会夺冠

2018年8月28日，三茅姑娘张心妍参加雅加达亚运会射箭反曲弓女子个人决赛夺冠

2020年阳光体育节（扬中奥林匹克体育中心）

体育

50年代起，三茅传统体育项目继承光大，竞技体育和健身项目在全市（县）率先普及。1952—2021年，街道（镇、乡、公社）组队参加市（县）全民运动会60余次。1978—2021年，举办镇级农民、职工体育赛事近300场次，每年开展全民健身周（月）活动。各村（社区）建有2处以上健身广场和健身步道，形成15分钟健身圈。广场舞队伍，太极扇、剑、拳队伍常年开展活动。2010年，镇获省“群众体育先进集体”称号。

1963年，建成450平方米灯光篮球场。1974年，建成2.1万平方米体育场。1985年，建成500平方米游泳池。2015年，覆盖镇村两级的公共体育设施网络形成。同年，扬中市奥体中心竣工投运。至2021年，域内建成体育小公园15个，有健身点113个、晨晚锻炼点85个、体育活动室107个、健身器材132套。常年参加健身活动居民10万余人。

依托扬中市第一中学建成国家少年女子曲棍球培训基地，成立女子曲棍球队。2006年以后，球队代表扬中、镇江、江苏省和国家参加各级别赛事，屡屡夺冠。2011—2021年7次获国家级冠军。其间，2013年和2016年，两次获亚洲青年赛冠军。2014年和2018年，分别获南京和阿根廷青奥会冠军。2018年8月28日，三茅姑娘张心妍获雅加达亚运会射箭反曲弓女子个人决赛冠军。

居民生活

居民收支

收入　80年代起，居民年收入不断增加。1981年，城乡居民人均年收入603元，1991年2353元。2001年，年均增幅9.14%。2001年，农村居民人均收入5580元，城镇居民人均收入8510元。2021年，农村居民人均纯收入3.58万元，城镇居民人均收入6.01万元。20年间，农村居民和城镇居民人均收入平均增幅分别为9.75%和10.27%。

支出　80年代起，居民生活日渐富裕，居住条件改善，支出大幅度增加；消费品和副食品支出、文化娱乐费用、家庭储蓄额、教育消费逐年上升。2021年，人均生活消费支出2.8万元。其中，食品烟酒类消费支出8302元，占比29.65%，住居支出3382元，占比12.07%；教育文化娱乐支出5255元，占比18.77%。街道有家庭轿车45315辆，每2.68人有轿车1辆。现代家用电器一应俱全。用恩格尔系数指标评估，三茅居民生活水平为富裕型。

民居变迁

历经400余年，农村民宅从茅草棚到花园楼房，城镇居民从蜗居搬进现代化住宅。2021年，域内有农民自建独栋别墅2.35万幢，住宅建筑楼群21个片区，人均居住面积69.8平方米。民居享誉全国。

第一代民宅　移居先民就地取材用树干和芦苇、茅草搭成三角形尖顶草棚蜗居。明代后期，先民用木、竹和芦柴勾连成屋架，用稻（麦）草苫盖屋面，搭成茅草棚栖身。

第二代民宅　清代中叶至50年代，民宅以杂树为梁柱，以树枝、燕竹为椽，芦笆或土坯作墙，苫盖麦草或稻草而成。其间，也有极少数富裕户建有青砖小瓦瓦房。

第三代民宅　60年代，民宅主流是三架或五架梁，5尺屋檐，土坯墙，平瓦屋面房。

第四代民宅　70年代，开斗砖墙、五架梁，平瓦屋面平房是民宅主流。

第五代民宅　80年代后期，民宅主流是七架梁，7—9尺屋檐，条式通间马头墙砖瓦平房。

上左：第二代民宅茅草屋

上中：第四代民宅五架梁平瓦房

上右：第六代民宅住宅楼

下图：第七代民宅现代别墅楼

第六代民宅　90年代中期，七架梁条式通间楼房是民宅主流。钢筋混凝土构腰箍，架1层或2层楼板。平瓦屋面，木门窗。

第七代民宅　进入21世纪，域内满目风光“别墅楼”。民宅向欧式和江南园林式高档别墅发展。基础、楼体和屋面采用钢筋混凝土整体浇注。内外以花岗石、瓷砖、涂料、墙布、原木等材料装潢。庭院以假山、花木点缀，俨然是园林缩影。

社会保障

职工社会保险　2000年，街道企业职工养老保险全覆盖。2002年，保险种类拓展到失业、工伤、生育和医疗4个险种。2021年底，职工社会保险率100%。

居民养老保险　2008—2011年，三茅街道以个人缴费、集体补助、政府补贴相结合方式，推行新型农村社会养老保险（简称新农保）和城镇居民非从业人员养老保险（简称城居保）。2012年，新农保和城居保合并为城乡居民养老保险。2021年，参保率98.56%。

农村合作医疗保险　2003年起，推行以大病统筹为主的新型农村合作医疗制度，农民参保率、筹资和补偿标准逐年提高。2021年，农村新型合作医疗参保人数1.85万人。

被征地人员社会保障　2013年，贯彻《江苏省征地补偿和被征地农民社会保障办法》，落实“认产补偿”项目，被征地人员进入保障。此后，每年做到“应进全进”。

最低生活保障　1997年，三茅镇建立城乡居民最低生活保障体系。2000年起，做到应保尽保。2003年，实施城乡居民最低生活保障对象医疗救助制度。

养老服务　1983年，三茅乡建立敬老院。1985年，县民政局在三茅建立敬老院。2000年起，福康医院、扬中市人民医院先后在域内兴办医养一体养老机构各1家，社会团体和个人先后兴办养老机构9家，村社建立养老中心28家。2021年，域内有养老机构41家，床位6000余张，入住老人5000余人。

精神文明

文明创建

2011年，街道党工委成立精神文明指导委员会，将文明创建任务细化分解到责任部门，建立日常督查、分类指导、动态管理工作机制，建立好人“双月评”制度，形成村（社区）、街道、市及以上金字塔型荣誉体系。通过先进典型示范引领，提高居民文明素养和城乡文明程度。2017年，开展“最美三茅人”和“十大新乡贤”评选。

2018年，扬中市被中央文明办确定为“全国文明城市提名城市”。三茅街道按照三年创建行动纲要任务分解表，抓好道德风尚建设、环境综合整治、社会公共服务和突出问题治理等工作。率先在全市建立城乡网格化管理服务中心，城乡结对开展全域化、全城化、全民化文明城市创建。加大“文明扬中12条”等公益广告宣传力度，通过怡港小区等一批精神文明示范点建设、“三星级”文明家庭标兵户评选予以示范引领。2019年，实施新时代文明实践示范基地建设，开展“文明扬中，你我同行”文明交通志愿服务，开展“传承红色基因，争做时代新人”主题教育，激发人民群众爱党爱国爱家乡情怀。2021年，持续开展“洁美家园‘净’万家”文明实践活动，实现33个村（社区）污水治理、81个自然埭环境整治全覆盖。城乡面貌持续改观，为扬中高分通过创建文明城市省考作出重要贡献。

2015—2021年，三茅街道共创建江苏省文明村（社区）8个（次）、文明校园3个（次），镇江市文明村（社区）20个（次）、文明校园22个（次）。

2019年10月，港联社区少先队员听退休教师唐缜宝爷爷讲革命故事

组织机构

中国共产党扬中市三茅街道工作委员会

1940年，成立中共二区（三茅地区）委员会，80余年间随着区划调整，组织名称10余次变化，先后称中共三茅乡委员会、三茅区委员会、一区委员会、三茅公社委员会、城镇公社委员会、三茅镇委员会等。2011年起，称中共扬中市三茅街道工作委员会（简称街道党工委）。2021年，街道党工委下设党委38个、总支4个、支部218个，有党员5608人。2021年3月，童涛任中共扬中市三茅街道工作委员会书记。

扬中市人大常委会三茅街道工作委员会

1954—2021年，随着行政区划调整，三茅人大工作委员会名称历经8次变化。共举行人代会17届，召开会议63次。第一届至第十届人代会每届任期3年。第十一届至第十三届人代会每届任期5年。三茅街道人大工作委员会是扬中市人大常委会派出机构，向市人大常委会负责并报告工作。同时接受街道党工委领导。主任、副主任由市人大常委会任免。镇人大主席（主任）、副主席（副主任）在本级人代会闭会期间负责联系本级人大代表，组织代表开展活动。2021年5月，李波（女）任扬中市人大常委会三茅街道工作委员会主任。

扬中市三茅街道办事处

1954年前，镇乡政府负责人由县政府任命。1954年起，乡、镇人民代表大会选举产生正、副乡镇长。2011年起，三茅街道办事处主任、副主任由市人民政府任命。街道办事处下设党政办公室（集成管理指挥中心、网格化服务管理中心）、党建办（组织员办公室）、政法和社会事业局（退役军人服务站）、经济发展局（园区综合办公室）、建设局、农业农村局、财政和资产管理局（三茅街道财政分局）、综合行政执法局（综合行政执法管理办公室、安全生产监督管理办公

主题党日活动

室）、为民服务中心。2021年4月，姚文笋任扬中市三茅街道办事处主任。

政协扬中市三茅街道联络委员会

2005年12月，扬中市设立三茅镇政协工作联络小组。2010年5月，撤销联络小组，成立政协扬中市三茅镇联络委员会。2011年，改称政协扬中市三茅街道联络委员会。2011—2021年，街道政协联络委累计召开全体委员会议43次，收到委员提案60余件，审议报告20多个；专题发言70余人次；专题视察31次。2021年3月，杨淑静（女）任政协扬中市三茅街道联络委员会主任。

2 城区建设

曈曈初日，全涛万里奔腾急；

锦绣三茅，绮丽风光入画来。

20世纪80年代起，三茅城区建设从老城改造起步。1996年，按照“水上花园城市”目标，全方位推进城市建设。进入21世纪，城市“西进南拓东延”，建设新城区和滨江新城。至2021年，城市基础设施配套，功能区完善，现代化气息浓郁。国家生态市、国家卫生城市、国家环保模范市和国家园林城市，一张张耀眼的城市名片，让主城区三茅声名鹊起、名扬天下。奇迹折射出的是三茅人责任担当和勇毅前行的时代风貌。

建设规划

三茅地域为市（县）政府驻地，建设规划历来为“扬中城市（县城）建设规划”。

1985年，《扬中县城总体规划》实施，1991年重修。1996年，“县城总体规划”更名“城市总体规划”，“城区规划”成为“城市总体规划”中一部分。1996—2013年，城区规划随《扬中市城市总体规划》先后经1996年、2005年和2013年3次修编。2009年，市政府决定建设滨江新城，编制《滨江新城控制性详细规划》，同年由扬中市人民代表大会批准实施。

《扬中市城市总体规划》（2013—2030）

范围　三茅街道全域、经开区和新坝镇部分地域，总面积85平方公里。

性质　生态宜居市、特色产业岛、江中花园城。

规模　2013年12万人，建设用地26平方公里；2030年25万人，建设用地33平方公里。

目标　与苏南现代化建设示范区同步，建成生态环境优良、岛城特色鲜明、经济蓬勃发展、人民生活和谐的现代化城市。

《滨江新城控制性详细规划》（2010—2030）

范围　东至泰州长江大桥，西至新城路，南至夹江，北至长江路（今迎宾大道），总面积6.79平方公里。

规模　常住人口5.3万人，流动人口1.2万人；建设用地5.55平方公里，其他用地1.23平方公里。

定位　城市南门，现代服务业集群式发展基地，城市宜居新区，长江下游休闲旅游目的地。

特色　滨江临水，生态新城，集商务办公、总部经济、高档商住、休闲度假、生态观光于一体。

崛起的滨江新城

老城改造和新城建设

中共十一届三中全会后，扬中城区范围不断扩大，城市变新、变美，主城区由1978年1平方公里增至2021年26平方公里。

老城改造

80年代，老城改造起步，主街道拓宽，临街建筑向中高层发展，老旧巷弄和老圩埭

改造后的城东片区

拆旧翻新。至90年代末，江洲路和前进路先后建成邮电大楼、通达商厦、扬中商城、金穗大厦、百货大楼、中联宾馆等5—10层楼房15幢，建筑总面积10.17万平方米。先后改造鱼行弄、人民弄等6条老旧巷弄和英雄村老圩埭及三茅大港片区，总面积11.68公顷，累计拆迁房屋236户767间、2.39万平方米。

进入21世纪，相继实施中八桥港片区、扬子桥片区、城东片区、建宁农贸市场片区和扬子新村片区改造项目，总面积30.44公顷，拆迁房屋1650户、15.83万平方米。其中，最大工程扬子新村片区改造面积26.98公顷，东至江洲南路，南至环城南路，西至港东南路，北至扬子东路。工程分3期推进，至2021年，完成1期工程，建成高层商住楼15幢，建筑总面积56.19万平方米。

新城建设

新城区　位于三茅街道西部，又称西部新城。2001年，按照“西进南拓”城建规划，启动新城区建设。新城区为新扬、新联、新胜、新民和沙港5村地域，总面积576.44公顷。道路建设工程包括外环南路、中电大道、新民路、天后宫路、祁家路建设，扬子西路、建设路西延，以及明珠大道工程；公共服务区建设工程包括市行政中心及周边行政办公大楼、城西公园和市政广场建设，住宅区有扬中公馆、凯悦国际、晶地翡丽中央和浩云湾等高档小区建设；改造片区有新扬路东侧片区和中电大道两侧片区。2007年，市行政中心及周边道路、广场、绿化工程竣工，市级行政机关西迁入驻。至2021年，新城区开发建设进展迅速，主城区面积扩大。

滨江新城　2010年，滨江新城纳入主城区规划建设。滨江新城位于三茅街道主城区西南，规划建设面积6.79平方公里。2011年，道路桥梁、住宅小区、公园绿化等工程全面开工。至2021年，一座滨江临水、生态宜居，充满现代化气息的花园新城雏形初现。域内，扬中长江三桥跨西江与镇江新区相连，迎宾大道、滨江大道等高规格干道竣工通车，奥体中心、省扬中高级中学等现代化建筑巍然耸立，中扬康居苑、复旦·上雅苑等住宅小区万余人入住，滨江公园、城南公园等休闲设施建成开放。

扬子中路、翠竹路

基础设施

道路

80年代，城区主要道路有江洲东路、江洲西路、前进路和扬子中路。1990—2021年，先后兴建、改建、扩建城区干道、次干道88条，总长120余公里（不含社区道路），累计投入资金100余亿元。南北纵向主要道路有扬中大道（三茅段）、238省道（三茅段）、江洲南路、翠竹路、明珠大道、新扬路、中电大道、新民路等；东西横向主要道路有环城北路、523国道（三二线）、江洲路、扬子路、环城南路、昌盛路、同心路、建设路、迎宾大道、滨江大道、天后宫路、金苇路等。阜溧高速公路穿境域而过，结束扬中无高速公路历史，域内长度5.6公里。

扬中大道　贯通扬中南北，西起明珠广场环交，经江洲广场向南，终于扬中长江二桥，全长25公里，路宽30—33米，沥青混凝土路面。大道两侧绿岛宽2米，机动车道与非机动车道分道。1996年11月开工兴建，2001年11月全线贯通，总投资2.4亿元。三茅段长8公里，宽33米，双向6车道。

523国道　1995年建设，原名三二线。起于域内二墩港汽渡，讫于238省道扬中段平交道口，长1.88公里。按一级公路标准建设，沥青路面，宽28.5米。2002年，与扬中大道相接，路面拓宽至35米。

238省道　扬中东部沿江地带南北向主要交通干道和景观大道。北起扬中长江一桥东700米处，终于扬中八桥加油站。全长29.72公里，三茅地域8公里路段为双向6车道。一级公路标准，沥青路面。道路中分带有4—6米绿化带，两侧有宽20米成片绿化。2008年3月开工，2012年9月建成，总投资13亿元。

翠竹路　主城区中部南北向主要道路，由翠竹北路和翠竹南路组成，全长5.27公里，沥青路面。翠竹北路1998年始建，北起环城北路，南至扬子中路。长910米，宽33米。机动车道与非机动车道之间有2米宽绿篱。2015年北延，穿环城北路至238省道，长1.4公里。翠竹南路2002年始建，北起扬子中路，南至迎宾大道，长1.56公里，宽30米。2008年12月南延至环岛堤顶公路，长

灯火璀璨的城区路

新城区一瞥

1.4公里，宽33米。其中，机动车道宽10.5米，非机动车道各宽5米，机非道路之间绿篱各宽2米，人行道各宽4.25米。

春柳路　由春柳南路和春柳北路组成。南至建设路，北至238省道，全长3168米。沥青路面，春柳北路长2.58公里，1994年初建，南自扬子中路，北至江洲西路，长355米，宽44米。其中，两侧机动车道各12米，路中绿岛宽20米。2006年，向北延伸600米至环城北路。2016年，又向北延伸至238省道，长1.63公里，宽33—44米，6车道，两边人行道。春柳南路2003年建造，北自扬子中路，南至建设路，长587米，宽44米。路中为20米宽绿岛，两侧机动车道各宽12米。

环城北路　主城区北部东西向交通干道。1996年初开工建设，年底竣工。西起明

珠广场，与宜禾路（大桥路）相连，过江洲大桥至江洲广场，与三二线相接，系“南桥北渡”重要接线。全长2.6公里，宽40米，沥青路面。其中，机动车道宽27米，两侧绿化带各宽2米，人行道各宽4.5米。

江洲路　由江洲东路、江洲西路和江洲南路组成，全长4.63公里，沥青路面。其中，江洲东路和江洲西路为主城区东西方向主要商业街。江洲东路西起三茅大桥，南至美人鱼广场，长489米，宽25.7米。80—90年代，道路拓宽，临街建筑翻建楼房。江洲西路东起三茅大桥，穿前进路、文化路、翠竹路，西至明珠大道，全长1915米。2011年6月实施市容管理示范路工程，路面拓宽，混合道改为双向4车道，总投资1.2亿元。江洲南路北起美人鱼广场，穿环城南路至迎宾大

道，长2.23公里，宽19.5米。1990年初建，2006年扩建。

新民路　主城区西部南北向主要交通干道，2015年竣工。沥青路面，全长2.84公里，北起宜禾路，南至迎宾大道。宽44米，其中机动车道宽24米，非机动车道各宽6米，机非道路之间绿篱各宽4米。

中电大道　主城区西部南北向主要交通干道。2001年5月开工建设，翌年9月竣工通车。北起宜禾路，南至迎宾大道，全长2.68公里，宽60米，沥青路面。路中有18米宽绿化带，两侧各设宽12米机动车道和宽5米非机动车道。机非道路之间有2米宽绿篱，非机动车道外侧有大片绿化带。其规格和质量时为城区干道之最。

扬子路　主城区东西方向主要街道，东起民主桥，西至宜禾路，由扬子东路、扬子中路、扬子西路组成，全长5.84公里，沥青路面。

扬子东路建于2002年，西起扬子大桥，经美人鱼广场，东至环城东路民主桥。长1.73公里，宽33米（其中扬子河段分岔，河南、河北路各宽14.6米）。扬子中路，1991年竣工。东起扬子大桥，西至翠竹路，长1.65公里，宽33.5米。双向4车道，宽10.5米；非机动车道各宽5米；机非车道之间绿篱各宽2米；人行道各宽4.5米。2015年5月，实施市容管理示范路工程，双向4车道改为双向6车道，总投资1.6亿元。扬子西路建于2002年，东起明珠大道，穿新扬路、中电大道，西至新民路，长960米，宽40米。2015年，自新民路西延至宜禾路，长1.5公里，宽55米。

迎宾大道　滨江新城东西向主干道，东起238省道，西接扬中长江三桥，全长7.25公里，沥青路面。初名外环南路，2001年5月开工建设，翌年10月竣工，东起环城东路，西至中电大道，长3.9公里，宽40米。2012年10月拓宽改造，由原宽40米拓展为55米，更名迎宾大道。其中，机动车道24.5米，非机动车道各6米，人行道各3.75米，机非道路之间绿化带各5.5米。2014年10月，大道向东、西方向延伸，东至238省道，西至扬中长江三桥，东、西延伸段分别为1.43公里和1.92公里。

滨江大道　2013年5月开工建设，次年10月竣工，全长8.97公里，系扬中历史上设计标准最高、单向里程最长、投资体量最大、基础设施最为配套的市政道路工程。东段起于扬中大道，终于扬中长江三桥，为滨江新城东西向临江干道；西段起于扬中长江三桥，终于宜禾路，与扬中长江一桥沟通。东段长6.07公里，宽100米，双向6车道，总投资1.46亿元。其中，机动车道各12米，非机动车道各5.5米，路中绿化带24米，机非道路之间绿篱各宽2.5米，两侧绿化各宽18米。西段长2.9公里，宽90米，格局与东段基本一致。

泰州长江大桥

桥梁

三茅河港纵横，桥梁众多，明清至民国时期，以木桥和石板桥居多。70—80年代，建设一批农桥，多为混凝土拱桥。90年代后，原有桥梁逐步改建、扩建或重建，成为与公路连为一体的钢筋混凝土平板桥。

1994年后，先后建设主干道路连接3座跨江大桥（扬中长江一桥、二桥、三桥）。2012年，泰州长江大桥穿境而过。至2021年，境域共有大小桥梁109座。

三茅大桥　位于主城区东部，横跨三茅大港。清嘉庆十八年（1813）为木桥，后改建石桥。1958年、1969年、1983年、2007年先后拆除重建，现为三跨简支平桥。全长32米，主跨28米，桥宽28米。车行道14米，两侧绿化隔离带各1米，人行道各宽2.8米。栏杆以彩灯装饰，人行道铺设地灯。

扬子大桥　跨三茅大港连接扬子东路与扬子中路。1985年始建，为通航高拱桥。2006年改建平桥，桥面拓宽，全长230米（含引桥），宽41米。其中，机动车道宽20米，双向4车道；两侧非机动车道各宽5米，机非道路之间绿化隔离带各宽1.5米，人行

整齐划一的居民片区

道各宽4米。

江洲大桥　位于主城区北部，横跨三茅大港，连接环城北路东、西两段，为境域最大立交桥。1995年12月动工兴建，翌年8月竣工。采用20米预应力空心桥梁连续桥面结构，全长104米，宽34米。其中，机动车道宽16米，两侧非机动车道各宽7.6米，机非车道之间绿化隔离带各宽1.1米。

扬中长江三桥　三茅连接苏南的主要交通出口，位于迎宾大道与滨江大道交叉口，跨越西江至镇江新区金港大道与大姚线相交处。全长6.04公里，主跨2.5公里。桥宽

34.5米，双向6车道，设计车速为100公里/小时，采用75+4*125+75米连续桥梁方案。2014年10月建成通车，总投资10亿元。

泰州长江大桥　东起宁通高速宣堡镇，于永安洲跨越长江至扬中国土公园下游200米处，经境域锦程、三桥、大众、普济、滨江5村跨越西江，由小泡沙进入江南姚桥、孟河，于常州汤庄接沪宁高速。全长62.09公里，其中跨大江主桥和跨夹江次三桥9.73公里。主跨为2*1080米3塔双跨钢箱梁悬索桥。桥宽33米，双向6车道高速公路标准。2012年11月建成通车，总投资94亿元。

供水　供电　供气

供水　1974年12月，县水厂于三茅金星大队建成供水。1994年日供水能力3.5万吨，域内自来水普及。1998年，市政府在三茅镇团结村征地5.4公顷，兴建第二水厂，取水口设于长江主航道南侧二墩港港口东1.2公里处。2000年，二水厂投产，日供水能力5万吨，一水厂关停。2010年，二水厂日供水能力提升至10万吨。同年，在三茅镇永和村征地13.33公顷，建设备用水源，设计取水规模3.3万吨，可持续供源水7天。2015年年底工程告竣。2017年，更新改造主城区住宅小区老旧供水管网。至2021年，共铺设管网7789.13公里。其中，新铺管网2477.65公里，改造管网5311.48公里，涉及住宅小区36个。2021年，供水管网覆盖率、完好率均为100%，年供水量2453.36万吨，水质合格率100%。

供电　1976年，扬中县第一座110千伏变电所在三茅公社同心大队（今同心社区）建成投运。1993年，1号变压器增容至3.15万千伏安，总容量6.3万千伏安。2021年，三茅街道有220千伏变电所1座，110千伏变电所4座，10千伏输电线路33条，400伏输电线路746公里；用户3.24万户，总用电量1.36亿千瓦时。

供气　1994年，三茅镇域实施管道液化气工程，1997年竣工，供气面积4.5平方公里，用户3000户。2004年，实施天然气利用工程。翌年12月，扬中成为镇江市首个国家管道天然气利用县级市，供气范围15平方公里，用户1.2万户，主城区90%居民用上天然气。2007年，天然气管道向邻近镇区延伸。2021年，域内天然气使用覆盖率100%。

交通

"江中走廊"　1994年，自筹资金建成扬高汽渡和扬中长江大桥（后更名扬中长江一桥），开创扬中南桥北渡交通格局，结束孤岛历史。2004年，建成扬中长江二桥，跨江连接西来桥镇，三茅与苏锡常联系增添新通道。2012年，泰州长江大桥通车，境域南接苏南、北连苏北，全面融入上海、南京2小时通达都市圈。2014年，建成扬中长江三桥，三茅地区与镇江实现半小时通达。

1996年、2003年，先后实施扬中大道和环岛堤顶公路工程。2009年，扬中汽车客运新站投入运营，有长途客运线路32条。2012年，实施218省道改线即238省道工程。扬中大道和238省道纵贯三茅直通全岛南北，总里程54.72公里，总投资15.4亿元。2014年，扬中形成"一岛五桥""两纵一环"大交通格局，"江中走廊"地位愈加凸显。同时，加快农村公路建设。至2016年，域内建成农村公路598公里，所有建制村、社区通上等级公路，并与区域干线公路联网；城区建设快速推进，完善"六纵七横"道路骨架，内延外接、联网畅通。

城乡公交　2008年，城区公交1号线（101路）开通。2016年，率先成为镇江市公交"一卡通"全覆盖县级市。同年，建成扬中公交枢纽（总站），公交智能化系统全面升级。2020年，建成国家"城乡交通一体化示范市"。2021年，域内有城际公交线路4

条、城乡公交线路13条、镇村公交线路17条、毗邻公交线路3条、通勤公交线路1条，运营里程512公里，投入公交车146辆，日发旅客633班，年客运量256万人次。城区500米半径公交站点覆盖率100%，建制村村委会1公里半径公交通达率100%。

境域距镇江高铁东站（大港）15分钟车程，远行方便。共享单车设有站点321个，投放公共自行车2500辆，覆盖城区30平方公里，短距离办事快捷。

通信　网络

1997年，扬中成为全国首批“电话小康市”。三茅域内固定电话36.1部/100户，移动电话用户1.32万户；有邮电支局4所，城区投递线路10条、208公里，农村投递线路13条、382.5公里。2006年，全镇有移动电话用户4.5万户，宽带上网用户1.21万户。

2020年，市政府与中国电信、移动等4家分公司签订5G网络建设与应用协议，助推新一代信息技术、工业互联网、智慧城市等领域应用升级。2021年，三茅地域铺设各类光纤700余公里，覆盖率100%；设立5G基站61个，党政机关、核心商圈、交通枢纽、医疗卫生、教科文体和部分企业应用5G技术。

城市照明

1985年，江洲路、前进路和文化路有路灯230盏。此后，街道、交通干道、公园广场和住宅区路灯数量不断增加。2001年，江洲路、扬子路、翠竹路等主要街道临街建筑安装彩灯，三茅大港两岸护栏设置河道灯。2006年，三茅城乡有路灯5813盏。

2012年，实现照明设施远程控制。2014年起，改造丽景小区等10个住宅小区照明设施。2017年，安装明珠大道、翠竹路太阳能光源LED路灯1231盏，启动通宵亮灯模式，三茅成为不夜城。2021年，有路灯中央控制室1个，路灯1.96万盏。

商业区

1978年，三茅商业区总面积不足0.5平方公里。1980年后，原有街道拓宽、延伸，新街道不断形成。至2021年，域内有主要街道20余条，形成5大商圈，总面积10余平方公里。

中心商圈　包括老街、三茅大港、翠竹路和明珠湾商圈。老街商圈位于江洲西路和前进路，形成于清末民初，为城区最大、最繁华核心商业区，通达商厦、中央商场和世纪金源购物中心坐落其间。三茅大港商圈位于三茅大港两侧街道，形成于80年代，主体有港东北路“美食一条街”、港东南路步行街和扬子商业广场及中海大厦。翠竹路、明珠湾商圈为2000年后形成的新兴商圈，翠竹路商圈位于翠竹路中段及其周边地域，有大小商户500余家，锦江之星、华联大药房和多家金融机构聚集于此。明珠湾商圈位于明珠湾风光带及其周边地域，聚集商户800余

家，长江大酒店、华润苏果华鑫购物广场和汇丰河豚馆人气最旺。

城东商圈 位于江洲东路及其周边地域，形成于清末民初，繁盛于80年代。有扬中商城、利民市场、周仔大酒店等商户1000余家。

城南商圈 位于江洲南路、环城南路及其周边地域，形成于90年代，由农副产品批发市场、五星电器大卖场、金星木材市场和“建筑装潢材料一条街”等1000余户商家组成。

城西商圈 位于市行政中心周边地域，形成于2010年前后，有商户1000余家。菲尔斯金陵大酒店、吾悦广场和红星国际生活广场落户于此。

城北商圈 位于环城北路、明珠广场以及周边地域，形成于2013年前后，以博联农商城为核心，包括君泰、荖豪大酒店及周边500余户商家。

建设中的城西住宅小区

滨江新城高层建筑施工现场

住宅区

1995年以后，域内住宅区建设步伐加快，市房地产开发总公司和江城、正华、华厦等10余家房地产开发公司陆续进入开发行列，先后建成文化新村、南园新村、金穗小区、友谊小区等住宅区。

进入21世纪，三茅社会经济快速发展，居民生活水平不断提高，外来务工人员大量涌入，住房需求量高涨，房地产市场火爆。一些规模工业企业组建房地产开发公司参与商品房开发建设，国内一些知名房地产开发企业也加盟城区建筑市场，开发建设凯悦国际、长江花城、浩云湾、鸣翠山庄、扬中公馆等一批高档住宅区。住宅区内为9层以上小高层、高层楼房或别墅楼群，造型美观、错落有致，设施完善、环境幽雅，成为城市靓丽景观。至2021年，建成住宅小区86个，建筑面积444万平方米，商品住宅3.17万套。

文化新村　位于文化北路，1992年开工建设，1997年建成。建筑面积22万平方米，入住居民1538户。

长江花城　位于同心社区。2004年开工，2016年建成。建筑面积44.12万平方米，其中住宅面积31万平方米，商业用房面积6.36万平方米，停车位1257个。入住居民3381户。

浩云湾　位于中电大道683号。2010年7月开工建设，2018年竣工。建筑面积21.5万平方米，其中地上18万平方米、地下3.5万平方米。住宅17万平方米、商业用房1万平方米，停车位898个。入住居民1142户。

扬中公馆　位于市行政中心北侧、新民路东侧。2011年开工建设，2016年竣工。建筑面积22万平方米，其中地上18万平方米、地下4万平方米；住宅17万平方米，商业用房1.3万平方米，入住居民1355户。

中扬康居苑　位于滨江新城翠竹南路东侧。2012年开工建设，2015年竣工，建筑面积25.12万平方米。入住居民1722户。

鸣翠山庄　位于翠竹南路与迎宾大道交界处。2013年开工，2020年建成。建筑面积62.75万平方米，其中住宅34.32万平方米，商业用房10.08万平方米，停车位2383个。

入住居民1875户。

复旦·上雅苑　位于滨江新城迎宾大道以南、新扬南路以东。2014年开工建设，2021年建成。建筑面积22.24万平方米。入住居民1556户。

工业园区

扬中科创产业园区　2005年创建，初名城北工业园区。2011年更名扬中科技新城产业园。2013年，再次更名扬中科创产业园区。2016年，规划范围为扬中大道、环城北路、三栏路、联丰港、城北科技园长兴路、238省道、永勤港围合区域。2017年成立园区管委会，与街道办事处合署办公，正科级建制。2021年，建成区面积19.32平方公里。（详见本志第三篇《工业重镇·科创产业园》）

私营经济区　1993年，由江苏省扬中经济开发区创建，位于新扬、新胜2村交界处。2006年，开发面积5.66万平方米，入驻企业22家。2009年，随区划调整由三茅镇（街道）管辖。

公共服务区

2002年，市委、市政府决策兴建行政中心，将市级机关从江洲路三茅大桥西侧整体移迁至城西新民村。2007年，行政中心工程告竣。市行政中心占地14.66公顷，其中绿化6公顷，水池4公顷，建筑占地2.4公顷。整个建筑群分行政主楼和会议中心、大礼堂等7栋附属建筑，总建筑面积6.6万平方米。其中，行政主楼3.48万平方米，高55米，共11层；会议中心和大礼堂各3100平方米；行政审批中心和餐厅各6700平方米；信访楼2200平方米；档案馆5500平方米；党校3800平方米。

2009年后，启动行政中心周边公安局、市场监督管理局、交通运输局、海事处、住建局等办公大楼建设。至2021年，市委、市政府所属部委办局和三茅街道党政机关基本上入驻城西，新闻、邮政、供电、水务、银行、保险、慈善等服务机构一应俱全，形成以行政中心为核心的现代化公共服务区。

文体教育中心

文体教育中心位于滨江新城，北临迎宾大道，南至南江路，东接新扬南路，西出迎江路，占地25.54公顷，建有扬中奥林匹克体育中心、四星级高中江苏省扬中高级中学和扬中博物馆。

扬中奥林匹克体育中心　2011年4月开

建设中的新城住宅商贸综合区

工建设，2015年竣工并投入使用。总投资7.5亿元。占地11.33公顷，建筑面积6.67万平方米，由体育场、体育馆、综合健身馆、游泳馆、景观塔和餐厅组成。体育场设观众席10349座，体育馆设观众席5004座。景观塔9层，52.6米，建筑面积1589平方米。

江苏省扬中高级中学　2011年9月开工建设，2013年10月竣工。次年迁入。占地9公顷，建筑面积7.65万平方米，绿化2.69万平方米，道路广场面积2.83万平方米。校园分教学区、对外交流区（专家艺术楼）、生活区和运动区4大块。

扬中博物馆　位于南江路与迎江路交会处西侧，占地1.6公顷，3层建筑，建筑面积4900平方米。2016年11月开工建设，2019年5月竣工，2020年开馆。（参见本志第六篇《旅游览胜》）

水上花园城市建设

窗外枫叶

园林绿化

1996年，扬中确立建设水上花园城市目标。三茅镇按照城市绿化系统规划，依路植树，沿河建林，见缝插绿，发展公共绿化。2001年，开展绿化进学校、进社区、进机关、进工厂活动，强化绿化工作和园林建设。2012年，编制并实施《主城区绿化景观提升规划》，打造“两脉”（古脉、今脉景观带）、“两轴”（春柳路、扬子路景观轴）和“三区”（花韵、花都、花影景观区），提升城市品位。2016年，城区绿化485.46公顷，公园绿化126公顷，绿地率33.64%，绿化覆盖率37.26%，扬中建成“国家园林城市”。至2021年，城区绿化666.68公顷，绿地率34%，绿化覆盖率38%。

公园建设　90年代，建成国防园和国土公园，占地24.8公顷。进入21世纪，先后建成城北、城西、滨江、城南和森林公园及村级小公园，占地138.5公顷，总投资近30亿元。

绿地建设　至2021年，先后建成三茅大港、扬子河、明珠湾、环岛江堤三茅段等一批景观风光带；建成明珠广场、翠竹园市民广场、美人鱼广场、江洲广场、市政广场等一批大型绿色休闲广场。市行政中心成片绿化6公顷，周边有4公顷水域和大面积绿地。

道路绿化　1998年，环城东路、南路和春柳路等街道栽植树木7561万株，新增绿化10万平方米。2001—2003年，建成中电大道景观带、明珠大道城市“绿色中轴”，实施昌盛路西延，翠竹路、春柳路南延，田园路二期和健康路、工人路改造等街道建设和绿化工程。至2006年，主城区道路绿化覆盖面积50余公顷。2010—2021年，新建迎江路、滨江大道、南江路，扩建迎宾大道，西延扬子西路、同心路，南延新民路、新扬南路，北延翠竹北路、春柳路，道路建设总长30.51公里。道路两侧广植栾树、银杏、雪松、广玉兰、樱花、海棠、桂花、香樟、泡桐、垂柳等大乔木和风景树，中分带植有石楠球、晚樱、夹竹桃、花叶络石、枫香、常夏石竹、乌桕等，机非道路之间绿篱植大小灌木。城区新增道路绿化面积60余公顷。

治污清水

污水处理　2003年4月，沙家港污水处理厂建成投运，日处理污水能力1万立方米。2006年，污水处理厂二期工程竣工，日污水处理能力增至2万立方米。2004—2016年，城区建成污水管网75.7公里，污水处治总量7550万立方米。2016年，实施“五水联治”（即治污水、防洪水、排涝水、引活水、保洁水），以雨污分流、治污与治涝为重点，推进主城区水环境综合整治。2018—2021年，污水处理厂日污水处理能力增至3万立方米；敷设污水管网187.1公里、雨水管道144.9公里；建成并智能化运维河道排口截污设施64座，基本清除黑臭水体，解决低洼易涝片区排水不畅问题。

河道整治　80年代和90年代初期，农药化肥大量施用，工业废水和生活污水无序排放，加之通江河港由出江水闸控制，境域水系处于封闭状态，河道淤塞，水草丛生，水体变黑发臭。90年代中期以后，主城区7条

诗意丰收河

主要河道实施驳岸、清淤、截污、绿化整治，水环境改善。2016—2021年，实施江苏省“263”专项行动，建立河长制，一河一策，进行黑臭河治理和河道生态修复。同时，依法监管排污行为，出动执法人员上万人次，立案查处环境违法行为。2021年，随着城区水环境综合治理工程规模化推进，境域河道水质改观，经省考断面检测，达到Ⅲ类标准。

蓝天工程

90年代中期，城区实施烟尘控制区建设和218省道三茅段无烟路创建。拆除企业炉窑烟囱5座；对所有车辆进行排气污染检测，控制一氧化碳和碳氢化合物排放；对餐饮服务商家炉灶予以达标整改；居民生活燃料改用管道燃气或瓶装液化气。2003年，实施秸秆禁烧和综合利用工程。2006年，层层签订责任状，落实二氧化硫减排指标。江苏福达特种钢有限公司淘汰煤气发生炉和燃煤退火炉6台，改用天然气，成为境域天然气利用工程首家企业用户，二氧化硫年排放量减少67万立方米。

2016年、2017年，建设屋顶光伏发电项目130个、渔光互补项目2个，装机容量78.5兆瓦；909户居民安装屋顶光伏设备。市级机关和省扬中高中创建“零碳”示范区，1.1千瓦光伏电站建设项目竣工并网，相当于节约标准煤385万立方米/年，减少碳排放量962万立方米/年。勤丰、新民等一批低碳小区示范点成功建成。

2016—2018年，淘汰报废黄标车，添置新能源公交车；关闭、升级燃煤锅炉74台；建设“蓝天卫士”高空视频监控，构建网格化、全覆盖秸秆禁烧督查体系。2019年起，开展大气污染防治攻坚，主城区重点区域采用“洒水车+冲洗车+雾炮车+人工清洁”作业模式，每日16小时全覆盖巡回动态抑尘。同时，推进挥发性有机物污染治理、燃气锅炉提标改造、机动车辆尾气污染路检等工作。

2021年，主城区$PM_{2.5}$平均浓度36微克/立方米，降尘年均值3.6万立方米/平方公里·月，优于地方标准6.7万立方米/平方公里·月。空气质量优良天数比率76%。

全国生态示范区创建

1995年6月，扬中被列为全国第一个生态示范区建设试点市。1996—1999年，投资16.5亿元，围绕“管道燃气、绿色环岛、污染集中控制、城镇环境综合治理、生态农业建设”五大工程，开展生态示范区建设。1999年12月，国家环保总局授予扬中“国家级生态示范区”称号。

“四城同创”

2007年起，开展国家生态文明建设示范区（生态市）、国家园林城市、国家环保模范城市、国家卫生城市“四城同创”活动。三茅街道坚持生态优先、绿色发展，将“四城同创”作为改善人居环境、提高城市品位、增强城市竞争力的重要举措，持续开展生态城市建设和城乡环境综合整治。

2014年，被环保部授予“国家生态文明建设示范区（生态市）”称号。2015年，获“国家卫生城市”“国家环保模范城市”称号。2016年，被住房和城乡建设部授予“国家园林城市”称号，“四城同创”目标达成。2017年，开始全国文明城市创建。2018年，被中央文明办确定为“全国文明城市提名城市”。

城东中秋夜

3 工业重镇

科技引领，产品跻身大市场；

强势崛起，工业重镇创辉煌。

三茅是扬中工业的摇篮，历经手工个体作坊、机械化制造、现代化规模生产三个阶段。改革开放后，三茅成为岛城工业重镇。2001年6月，省委、省政府授予三茅镇“发展乡镇企业先进乡镇”称号。进入21世纪，形成智能电气、新能源设备、纺织服装、冶金电子等支柱产业，2021年，工业销售额152亿元，位居镇江市前列。三茅以现代制造业为主体的新兴产业，正走出扬中，走出中国，走向世界。

重点产业

智能电气

80年代初期，以扬中第一开关厂为代表的骨干厂家开始生产电力闸刀开关、按钮开关、交流接触器和电力开关塑料（胶木）配件。80年代中期，通用机械厂利用原有冲压设备生产电缆桥架，工程电气产业进入三茅社队工业领域。1985年，涉及工程电气产品生产的镇办企业有20余家，销售额4500余万元。1989年，销售额近4亿元。

90年代起，三茅企业开始生产母线和变压器、开关柜。1992年全域有工程电气生产企业43家，品种增加，产量提高。1993年，产品销售额11.5亿元。其中，华厦电器厂销售4926万元，上缴税收327万元，位居扬中工程电气行业前列。1999年，全镇工业总产值19.05亿元，其中17家规模型工程电气企业总产值9.12亿元，占全镇工业总产值47.87%。

2001年，工程电气企业发展至57家，总产值87.93亿元，创利税7.1亿元，分别占全镇规模工业总产值、利税总额58.84%、60.9%。江苏中电设备制造公司产值26.35亿元，利税3.66亿元，居扬中工业企业30强榜第3位，华厦电器厂、美联集团、裕兴集团等12家企业跻身扬中30强工业企业行列。2005年，工程电气企业增至95家，总产值33.51亿元，占全镇工业总产值52.72%。9家企业入围扬中30强。中电公司和华厦电器厂分别以销售2.84亿元和2.61亿元位居30强第3、第4位。2010年，企业增至117家，产值100.12亿元，占全镇工业总产值57.87%。12家企业入围扬中企业30强榜。

2011年起，街道党工委引导企业向智能电气转型，组建集团有限公司，发挥规模优势。2015年，域内有工程电气企业53家，产值146.58亿元，利税11.21亿元，11家企业入围扬中30强。2021年，街道党工委以提高企业运行质量为中心，引导企业提质增效。40家工程电气规上企业（按照统计部门规定，应税销售收入超过2000万元）销售89亿元，利税8.8亿元。其中，扬中30强企业6家，香江科技以20.68亿元销售居第3位。其他工程电气企业工业增加值增速7%

江苏瑞克公司自动化生产车间

万宝集团智能机器人折弯设备

以上，同比增长10%。

新能源

2005年初，中电光伏有限公司投资3000万美元，与澳大利亚籍华裔科学家杨怀进团队合作，建成年产100兆瓦太阳能电池生产线，成为国内规模最大太阳能电池生产基地，产品刷新工业批量产品光电转化率世界纪录。2005年10月24日，时任国务院总理温家宝视察中电光伏公司，充分肯定其创新自主知识产权，为推动中国新能源发展所作出的贡献。2006年，中电公司等企业发展风电设备生产，主产品有2兆瓦风力发电机组、风力牵引变压器和风电、核电配套产品。同年，江苏银佳电力设备有限公司开始制造风力发电机组，成功研发太阳能路灯。2015年起，域内实施“金屋顶”工程。至2021年，部分别墅楼和部分公寓屋面安装光伏发电设备，日均发电6.5万千瓦时，年发电量2372万千瓦时。三茅有新能源产品生产企业5家，年销售额近10亿元。

纺织　服装

纺织　三茅民间自古有捻麻、纺纱、织布传统。30年代，集镇出现手摇机械织袜、织毛巾等小作坊。1953年，创办织袜生产合作社。1958年，有章绒、毛巾、针织纺织厂多家。1974年，创办扬中县染织厂。1978年，新办10余家纺织企业，产品有棉布、帆布，混纺、化纤布料，毛织品等。1979年，创建扬中县针织内衣厂。2002年，扬中市瑞克体育用品厂成立，主产品为医疗健身纺织制品，出口欧美。2021年，街道有纺织企业4家，销售额10.2亿元，利税9700万元。

服装　民国年间，三茅、丰裕等集镇有手工业成衣铺10余家。1955年，集镇成立缝纫生产合作社（组）。1958年起，服装企业改制为集体所有。1965年，有丰裕、大众、城镇3家社办服装厂。1973年，创办三茅服装厂，先后更名扬中县服装厂、镇江德利纺织制品有限公司。1975年，销售总额100余万元。80年代，有集体服装企业40余家、个体家庭服装生产点150多个。民主村有几个村民小组，家家户户做服装，主产品为工矿劳动防护服和滑雪衣。随着服装市场发展，技术力量不足、设备落后的服装厂（点）被淘汰。产品从普通劳动防护服向行业职业服饰发展，从一般行业职业服饰向特种行业职业服饰发展。90年代后期，域内有服装企业21家。进入21世纪，企业更新设备和生产工艺，规模化发展，销售收入大幅度提高；其中扬子江制衣有限公司2020年销售7000余万元，利税980余万元。2021年，街道有服装企业7家，销售收入4亿元，利税2800余万元。

电子　冶金

电子产品　20世纪70年代，创办扬中县电子仪器厂、标准件厂、无线电厂、录音器材厂、半导体厂。80—90年代，域内电子工业企业发展到30多家，主产品有示波器、黑白电视机、录放音机、电子元件、仪器仪表、特种照明灯、电热烘烤电器具等。1984年，与北京东风电视机厂联营创办扬中电视机厂，生产昆仑牌彩色电视机，产品供不应求。1985年，电子仪器厂引进国际先进设备，提高产品档次和产能，3个品种示波器获得电子工业部和江苏省优质产品称号，销售量居全国同行业前列。1988年，电子仪器厂研制双踪示波器，获全国同行业产品评比一等奖。2001年，以电子仪器厂为基础组建江苏绿扬电子仪器有限公司。“数字基础存储示波器/可编程任意波发生器研发与生产”项目获信息产业部发展基金资助，年销量2.51万台。2002年，研发函数任意波信号发生器，获国家新产品奖，8个产品被认定为江苏省高新技术产品。其中，3个产品在国际大型招标工程中中标；2个产品通过中国人民解放军总装备部鉴定，替代美国产品。2C05年，绿扬

福达公司特种钢冶炼

玉雕工艺品生产及工艺传授

电子成为中国电子测量仪器产业基地和出口基地。2006年，示波器销量占全国市场份额1/3。2007年，销售收入13.76亿元，利税1.66亿元。2021年，三茅街道成为扬中电子产业集中区，有规模电子企业9家。

冶金　民国年间，三茅集镇有铁匠铺多家。1973年，兴办轧钢厂，年产线材8000吨。1990年，并入县建材机械厂。同年，创办镇江市特种钢厂，主产品普碳钢材、高速工具钢、模具钢、规格米圆钢。2000年，产量9600吨。2004年，承担国家“863”计划一氧化物直接还原冶炼高速工具钢项目研发，自主开发空调叶片用冷拉异型扁钢产品，质量达到国际先进水平，被评为国家级高新技术产品。2006年，组建江苏省福达特种钢有限公司，成为国家重点工具制造企业长期合作伙伴，产品出口日本、欧洲等国家和地区。2021年，街道冶金业总销售额6亿元，利税5900万元。

印刷　玉雕

印刷　民国时期，三茅有私营印刷社1家。1948年，创办扬中县文化公司，扬中解放后更名为扬中县印刷厂，逐步实现机械化生产。1983年10月，该厂印刷品获上海科技出版社质量评比会一等奖。1993年，引进电脑排版和胶印技术。1998年，引进四色胶印机，产值突破1000万元，被国家新闻出版署命名为国家级印刷业定点企业。2000年9月，企业股份制改革，更名为扬中市印刷有限公司。2003年，印刷质量进入全国同行业先进行列，产品获国家银质奖。同年，征地100亩建设新厂区。2021年，产值5500万元，利税600余万元。

1984年，扬中市人民印刷有限公司成立。1997年，获江苏省书、报、刊印刷企业资格，2000年获国家秘密载体定点复制许可证，同时获扬中市政府采购中心印刷品定点印刷资格。2019年，成为镇江市公务印刷定点单位。2021年，产值1500余万元，创利税130余万元。是年，街道有印刷企业4家，总产值近1亿元，利税800余万元。

玉雕　50年代，域内公社和部分大队、生产队创办玉雕厂。1957年，滨江王立礼创办玉雕作坊，1958年收归队办，1959年2月转为社办，10月改为县社合办，更名扬中县洗玉厂，开始机械化生产，当年产值261万元，出口创汇100万元。《二龙戏珠》《青玉金山宝塔》等9件产品被评为全国行业精品。《双鱼链子瓶》照片刊载于《中国工艺美术》。1965年，《二龙戏珠》换得外商轿车6辆。1975年，大型作品《杭州六和塔》在日本“中国传统工艺展览会”上展出。1987年，女工沈来娣获江苏省工艺品大赛冠军，作品《岫玉绶带鸟》被称为“鸟中之王”；《岫玉五龙熏》获中国工艺美术品“百花奖”。80年代，扬中县洗玉厂在全国设销售点20多个，产品畅销国内外。1986—1987年，工艺美术师王长才、王贤贵去日本11个城市进行玉器产品制作表演。1984年10月30日，全国政协副主席费孝通为扬中玉器厂亲笔题词“因玉成器，艺在其中”。1987年，被江苏省政府授予“出口创汇先进单位”称号。21世纪初，产权制度改革，扬中县洗玉厂组建民营企业扬中市玉器有限公司。2021年，街道有玉器雕刻企业5家，销售总额6000万元，利税900余万元。

其他工业

化工　1958—2000年，域内兴办县化肥厂、农药厂和江苏三星化工有限公司、永丰化工厂等化工企业13家，生产化肥、农药和化工原料。1984年，产化肥4万余吨。随着环境治理，小化工企业因生产设备落后关闭，规模企业增添环保设施，集中搬迁至市化工园区。2021年，域内有机械工业附属化工设备生产企业3家，产值4.1亿元，利税4000余万元。

塑料　1976年，创办三茅塑料编织厂（后更名镇江市塑料八厂），批量生产塑料编织袋出口日本和东南亚。1985年1月，镇江市塑料八厂与江苏省外贸公司联营，成立"江苏省江南麻塑包装联营公司"，当年生产外贸塑料编织袋1400万只，创外汇100余万美元。1983年，沙港农药厂转产SBS塑料。1984年，成立扬中县有机化工厂，年产SBS混合粒料3000吨，销售收入701万元。进入21世纪，扬中工业布局调整，塑料企业搬迁至市化工园区。

磨具磨料　20世纪60年代初期，三茅27个大队均办有砂轮加工改制点。1965年，整合加工改制点，创办公社砂轮厂。1968年，创办扬中县砂轮厂，产品销售遍及全国。1978年后，域内有砂轮厂30余家。根据业务单位要求定制特种产品，开发新产品，形成16个系列1200余个品种。进入21世纪，淘汰生产设备落后的小微企业，域内有磨具磨料生产企业5家，年产值4000余万元。

管阀件仪表　三茅地区仪表管阀件生产始于20世纪50年代。1958年，创办镇江市石油化工机械厂（简称石化厂），生产管阀件。1969年，石化厂开始研制和生产仪表管阀件，其产品不锈钢阀门获1987年"江苏省优质产品"称号。产品内销国内石油、化工、制药、造纸、冶金、电力等行业，外销科威特、伊朗、阿尔巴尼亚及中国香港地区。2021年，街道有仪表管阀件生产企业16家，年产仪器仪表25.33万台，生产阀门6300吨，销售额1.65亿元，利税1720万元。

科技驱动

规划与队伍

规划实施　20世纪80年代起，三茅镇（街道）连续制订实施“八五”至“十四五”7个“科技发展规划”，科技创新工作融入各行各业。2000—2021年，落实《中国制造2025》和“长江经济带战略”，融入苏南国家自主创新示范区建设，建成具有高新产业主导程度高、企业创新主体地位强、载体平台建设布局优、创新驱动作用发挥好的创新型城镇。科技对工业贡献率由47.83%增至75%，对农业贡献率由37.93%增至84.31%，科技创新力保持全省领先地位。

队伍建设　1985年起，三茅地区各镇乡相继建立科技委员会（简称科委），村（居）配备科技副主任，镇属企业设科技副厂长。每年培训科委人员和村科技副主任、副厂长及科技骨干。2021年，有科技（科普）协会会员单位479家、个人会员585人。实施高层次创新创业人才、团队引进战略。至2021年，街道有中级职称以上科技人才7500余人；其中引进国家高层次人才65人次，享受国务院政府特殊津贴专家5人；省‘有突出贡献中青年专家”11人，“双创计划’人才13人，“创新团队”23个，“博士计划”人才9人；镇江市“有突出贡献中青年专家”15人，“331计划”人才21人。香江科技、中电电气、三星化工建有院士工作站，5家企业建有博士后工作站；规模企业自建科技研发中心（研究院）67个。其中，电气工程技术研究中心（香江科技）、成套电器工程技术研究中心（华厦公司）、电力变压设备工程技术研究中心（中电公司）等27个中心被认定为省级研究中心。11家企业建立省级研究生工作站。1998年起，江苏三星化工先后邀请法国专家义务咨询协会专家组、美国贝克休斯有限公司、德国威德高环境工程技术有限公司和俄罗斯3家科技公司十几名专家，到公司交流技术和合作研发，成功研发拥有自主知识产权的高速电脱盐成套设备技术，结束中国炼油厂从国外引进高速电脱盐装置和技术的历史。

香江科技——数字扬中科研大厦

项目投入

八九十年代，域内工业企业以销售额2%左右经费投入新产品引进和研发。20年间累计投入科技经费60余亿元。进入21世纪，企业以销售额5%经费投入科技创新。至2021年，企业自筹、上级拨款和奖励，累计投入科技经费450余亿元。

1986年起，实施“星火计划”和“火炬计划”项目。中电公司“微波测碳仪”和“变压器新材料”分别列入“星火计划”和“火炬计划”项目，获科技部“火炬优秀企业奖”。三星化工“原油乳化液低温破乳剂及其生产方法”等3个项目被列为省“星火计划”项目。江苏中能电力设备有限公司“HZL-Ⅱ型大型电站环境噪声综合治理关键技术及装备”、镇江江冠电力设备有限公司“防止快速积污大盘径硅橡胶伞裙”，分别被列为国家“火炬计划”项目，获科技型中小企业创新基金奖。扬中方正天瑞电子科技有限公司“智能化太阳能地源热泵联合系统技术研究及其在现代农业中的应用与示范”“粮食生产质量安全控制科技示范工程”“多功能太阳能灭虫器在科技超市”“农业园区展示和示范”项目，被列为省级“火炬计划”项目。至1996年，三茅地区有25个“星火计划”项目、31个“火炬计划”项目通过省科技厅验收。

1998年起，“星火计划”和“火炬计划”项目实施向综合开发、高层次外向型发展，以项目带技术、带资金、带人才，合理配置资源，建立多形式科研生产联合体。2002年5月，科技部批准三茅纳入国家火炬计划扬中电力电器产业基地建设。同年，镇江市电站辅机厂“低正压除尘系统成套设备”“煤粉均衡器”被列为科技部创新基金项目，进入国家级环保新产品目录。中电集团杜邦变压器获国家级鉴定，填补国内空白，达到国际先进水平。2003年9月，科技部认定扬中电力电器产业基地为“全国先进火炬计划特色产业基地”。至2021年，三茅地区共获批国家专利5000余项，当年有效300余项。共实施省级以上科技新项目500余项；被认定国家级高新技术企业3家、省级高新技术企业49家。“帷幄创客空间”通过科技部验收，成为国家级众创空间。

骨干企业

香江科技

香江科技股份有限公司

位于238省道三茅街道段，2000年创建，注册资金2亿元，有职工800余人。公司在大数据产业、数字城市、智能制造等领域进行深度开发，是IDC机房领域规划设计、系统集成及投资运营综合性企业。主产光缆交接箱、高低压配电柜、智能数据母线、节能制冷系统、综合布线系统等25个系列产品，涵盖智能电气、接入网、绿色节能等诸多领域。公司是百度、阿里巴巴、京东等网络运营商合作伙伴。产品应用于电信内蒙古信息园、上海电信信息园、西安数据中心、中国联通数据中心、国家计算机信息安全中心等数十家大型数据网络中心。香江科技与华为技术有限公司及施耐德、ABB、西门子等世界500强企业建有合作关系。有专利近300项，获“国家火炬计划优秀高新技术企业”“国家知识产权优势企业”和江苏省“高新技术企业”“中小型科技企业”“软件企业”“互联网发展示范企业”“四星级上云企业”等称号，产品获江苏省专精新产品、名牌产品、著名商标等10余个证书。近10年内8次跻身扬中工业企业30强榜前列。2021年销售额20.68亿元，利税6000余万元。

中电电气集团有限公司

位于扬中市中电大道，创建于1990年，大型企业集团，有电力变压器、太阳能光伏、电力电子、蜂窝材料四大产业，在江苏、上海、香港等地有21家全资子公司和控股公司子公司。产量、销量、利税、增加值等主要经济指标连续7年翻番，近10年内6次跻身扬中工业企业30强行列，曾以109亿元销售额居30强第2位。2007年5月，中电集团（南京）光伏有限公司在美国纳斯达克证券交易所上市。集团汇聚国家变压器行业权威专家60人，设立院士工作站和研究生工作站，承担多项新能源应用国家科技攻关项目及国际合作项目。系列变压器（变电站）安全环保性能填补国内空白，达国际先进水平，销售量为国内同行业“单打冠军”。太阳能电池保持工业批量产品光电转化率世界纪录，获“全

雷朋电气

球能源奖”。2005年10月24日，时任国务院总理温家宝视察中电集团，充分肯定中电集团对新能源发展的贡献。集团曾获国家级“创新型企业”“国家火炬计划优秀高新技术企业”“电力电器高新技术产业基地骨干企业”“信息化500强企业”等称号。产品获“中国名牌”“中国驰名商标”“国家免检产品”等10多个证书。2021年起，资产重组，优化产品结构。

江苏银佳企业集团有限公司

位于扬中市三茅街道裕兴路，国家大型（Ⅱ）企业，始创于1997年，注册资金1.18亿元，有职工1200人。业务有智能制造、工程建设、港口物流、酒店金融4大板块，涉及高低压成套电器及智能化电器设备、智能集中型EPS应急电源及控制系统、网络化火灾报警控制系统研发、制造、销售、服务。与瑞士ABB、德国西门子公司、美国英特尔公司、日本东芝公司等世界知名企业建立战略联盟，建有省企业博士后工作站和省级技术研发中心，与清华大学、东南大学、华中科技大学等国内知名高校深度合作，提高传统产品科技含量，开发新产品，获国家授权专利160余项，其中发明专利13项。引进国外先进数控设备，提高产能和质量。6个产品被认定为省级高新技术产品，2个产品被认定为国家级重点新产品，1个产品被列为国家级星火计划项目并通过验收。产品应用于国内重点工程，远销东南亚、拉美、非洲等地。2011—2021年，销售额保持在7.1亿—20亿元之间，连续8年跻身扬中工业企业30强行列。集团获国家“重合同守信用单位”和江苏省“高新技术企业”“博士后创新实践基地”等称号，产品获江苏省“高新技术产品”“名牌产品”等证书。

雷朋电气集团有限公司

位于春柳北路888号，2011年5月成立，注册资金3.1亿元。企业宗旨‘科技兴业，诚信为本，唯精务专”。业务涉及低压智能电器、新能源设备、智能电网设备、工程电气材料制造和技术咨询、服务。产品先后通过国家相关认证，应用国内电力、石化、轻纺、机电、煤炭、能源、交通、冶金、建筑、通信等领域，出口海外，有国内外重点客户和战略合作伙伴200余家。集团有对外投资公司7家、分支机构3处。企业和产品先后获省级以上奖项近40个。2021年，销售20.68亿元，跻身扬中工业30强。

镇江市德利纺织制品有限公司

位于扬子中路202号，前身为扬中县服装厂，始创于1973年。1993年8月，与中国台湾德奎公司合资成立镇江德利纺织制品有限公司，注册资金360万元，职工300余人。1994年，主产品由服装转至床上用品。1997年，新增自动化生产线。2000年，引进国际先进计算机辅助设计系统和生产设备，扩大产能。2003年9月，成立研究机构，与相关高校和科研院所合作开展技术创新，实现生产规模基地化、生产流程信息化、产品质量标准化、企业发展市场化。2008年，完成产品系列化布局，主产品床上四件套、窗帘、窗幔、欧枕、胖被、床单八件套、床单十二件套。产品畅销全国，出口欧美。连续3年跻身扬中工业企业30强行列。2021年，销售6.38亿元，利税5860万元。

江苏福达特种钢有限公司

位于三茅街道永勤村，始创于1993年，注册资金3000万元，职工500余人，是国内专业生产高性能高速钢重点骨干企业，上海、江苏、浙江、重庆、成都、哈尔滨等地重点切削工具制造企业高速钢棒线材供应基地。有对外投资公司5家、分支机构2处。

福达公司拥有高速钢冶炼、锻造、热轧、冷拉、高速钢切削工具成品制造及成品热处理生产流水线，建有高性能高速钢技术研发中心，拥有专利27项；承担科技部国家重点研发计划、重点基础材料技术提升与产业化专项“复杂刀具用高性能高速钢的稳定化生产与应用研究”，通过科技部验收。公司是国家863计划——“氧化物直接还原冶炼工模具钢”项目执行单位，自主研发“叶片用冷拉异形扁钢”获“国家重点新产品”认证。“FD”商标被评为“江苏省著名商标”，高速钢被评为“江苏名牌产品”。公司获“国家科技成果重点推广计划”执行单位、国家高新技术企业、火炬计划项目承担单位，江苏省专精特新产品企业等称号。2001—2021年，年度销售4亿—10亿元，6年跻身扬

江苏银佳集团智能化生产设备

鼎圣集团激光焊接机

中电集团特大型超高压变压器下线

中工业企业30强行列，5年位居60强榜。

江苏三星科技有限公司

三星科技

位于中电大道2号，始创于1970年。2000年，注册资金1500万元，职工400余人。三星公司是特种设备制造企业，有对外投资公司5家，分支机构2个。具有多种压力容器设计和制造资质，获得科威特、阿联酋、墨西哥等国家石油公司合格供应商资格，取得巴西国家石油CRCC证书。主产品有电脱盐设备、电脱水设备、天然气和液化石油气净化设备、污水处理装置、膜技术及石油撬装设备、天然气撬装设备、石化设备、光伏发电、电气控制、电力销售设备、石油化工助剂等。年处理量1000万吨以上大型电脱盐成套设备在国内技术领先，市场占先。交直流电脱盐和高速电脱盐成套设备，国内市场占有率90%以上，出口欧洲、非洲、南美洲等地区。至2021年，向国内外市场销售各类设备2000余套。

1998年，成立省级企业院士工作站和技术中心等研发平台，18项研究成果获专利，其中"智能响应控制电脱盐脱水装置及控制方法"获国家优秀专利奖。交直流电脱盐成套设备被列为国家"火炬计划"项目。产品6次获国家科技进步三等奖，11次获中石化总公司科技进步二、三等奖。企业被确认为"国家火炬计划高新技术企业"，取得中国石油天然气集团总公司一级成员单位、中国海洋石油总公司一级供应商资格；连续15年获江苏省"重合同、守信誉单位"称号。"三星"商标获批江苏省著名商标。2009—2021年，连续13年居扬中工业企业30强榜。年销售额在3亿—9.5亿元，利税在3200万—1.1亿元。

江苏万宝电气集团有限公司

位于扬中科创产业园朝阳北路。1994年成立，注册资金2.02亿元，职工300余人。1997年起，先后通过国家管理和产品认证，实施国际标准化管理模式，先后被评为省明星企业、重合同守信用企业、全国质量管理优秀企业。有职工1108人，其中高、中级技术和管理人员368人。有数控冲床、剪折弯设备和检测设备389台（套）。产品开关柜、母线槽和桥架畅销国内外市场，被国家多个重点工程采用，多次获省优、部优和国际博览会金奖。2021年，跻身扬中工业企业60强行列，销售额2.95亿元，利税3000万元。

江苏瑞克健身用品有限公司

位于扬中市三茅街道英雄村，始创于1984年。2002年，组建江苏瑞克健身用品有限公司。注册资金5000万元，职工300

瑞克公司

余人。主产品“飞龙”牌针织护腰、护膝、护腿、护踝等运动护具，远红外/磁疗针织保健护具，足球护腿等专用足球护具和毛巾头带、护腕，冲浪衣、潜水衣和海绵类钓鱼裤等运动休闲用品。运动护具被国家体育总局确认为国家级竞赛器材。医疗康复产品应用于医院烧伤整形外科和骨科。瑞克公司与欧洲、东南亚、美国、日本等地区和国家进行技术和商业合作，产品85%销往国际市场。2015—2021年，连续6年居扬中工业企业60强榜，销售额和利税分别保持在2亿元和2200万元左右。

鼎圣集团有限公司

位于扬中市三茅街道城北科技产业园，2014年组建。注册资金2800万元，职工300余人。主产品有开关柜、箱式变电站、电能计量箱、充电桩、母线、电缆、桥架、防火阻燃设备、智能监控设备和仪表管阀件等。引进国外先进生产线和检测设备，开展科技创新，提升产品质量和产能。产品应用于中国移动、中国联通、中国电信、国家电网公司、中石油集团、中海油集团、北京首创集团、秦山核电站、五粮液集团、上海国际会展中心等数十个国家重点工程，出口巴基斯坦、印度尼西亚、科威特等20多个国家。2019—2021年，销售额保持在2.5亿—3亿元，利税3000万元，连续3年位居扬中工业企业60强榜。获“全国质量管理优秀企业”“江苏省高新技术企业”称号。

南方矿用电器有限公司

位于三茅街道兴华路188号 原煤炭部定点企业，始建于1992年，是集科工贸为一体的省级高新技术企业；注册资本5008万元，建筑面积2万余平方米，固定资产2亿元，职工300余人。

公司和产品分别通过国家和省相关部门认证。产品有各类气体报警仪、煤矿安全监控系统和自救器等130余种。“申安”系列检测仪、断电仪，在全国煤炭行业推广应用。自主研制NF-BX60和NF-FS01W智能校检测管理系统。NF-BX60系统具有仪器自动校准、红外传输、定位等功能。NF-FS01W智能无人值守型便携仪，具有分析查看仪器标校功能。两系统既可独立使用，又能相互配套，被国家相关部门作为“2019年通防专业重点推广新技术、新设备”。产品遍布兖矿集团、陕煤集团等30多个全国骨干煤矿企业。至2020年，研发专利产品40多个、省级高新技术产品20多个。销售网络遍及全国，产品畅销新疆、黑龙江、蒙古、宁夏、山西等20多个省和自治区。2021年，销售1亿元，利税2000万元。

镇江市华阳机电制造有限公司

位于三茅街道丰裕社区，创建于1996年，注册资金1亿元，职工450余人。华阳机电是中石化物资资源企业和中国化工装备总公司定点企业，江苏省高新技术企业和计量保证确认单位。企业通过国家相关标准质量体系认证，产品通过国家强制性认证。有先进数控机床、普通专用车床100余台，有国内先进的桥架生产线4条，剪、折、冲等设备20余台套，其他专业生产检测设备50余台套。“江花牌”系列产品有仪表管阀件、流量测量节流装置、母线槽、开关柜、联轴器和电缆桥架等成套产品，畅销国内石化、冶金、机械、电力、建筑等行业，出口伊朗、泰国、苏丹、印度尼西亚、巴基斯坦、斯里兰卡等国家。2021年，销售额1.51亿元，利税1753万元，跻身扬中工业企业60强行列。

江苏中顺电气有限公司

位于扬中市科技新城华兴路，创建于2011年。注册资金4000万元，职工400余人。主产品开关柜、母线槽、电缆桥架、电气机械、通用机械设备、工程管道、密封件、阀门、防爆电器、电缆。有自动化桥架、母线生产线、钣金加工设备和各类检测设备。2018年，建立省级工程技术研发中心。产品销售额逐年提高。连续4年位居扬中工业企业60强榜。2021年，销售额1.95亿元，利税2000余万元。

江苏荣威电气有限公司

位于三茅街道广宁社区，2014年成立，注册资金1.36亿元，职工300余人。荣威电气是民营高新技术企业，2016年，通过ISO9001质量体系认证，产品通过3C认证。公司主要从事电缆桥架、母线槽、高低压开关柜、配电箱、箱式变电站、太阳能光伏支架等产品的研发和制造，兼营配套各种电气元件。产品应用于中石油、中石化、中铁建设集团，重点客户有新疆克州盖孜水电站、广西郁江老口船闸、菲律宾电站、唐山热电、昆明国际商贸城等。2021年，利税1680万元，跻身扬中工业企业60强行列。

科创产业园

2005年始创，位于境域东北部。

规划期限　2020年修订为2021—2030年。

区域面积　11.2平方公里。东至明珠湾，南至金苇路，西至联丰港，北至三栏路。

功能定位　工程电气及装备制造基地、三产融合综合性科创产业园区、“产学研用”一体化发展示范区。

产业定位　发展城市经济，推动商贸、服务业、总部经济、金融租赁、商住开发、城

扬中市（三茅街道）科创产业园

市综合体等新业态加快发展。促进原有企业转型升级，退城进区，提升工程电气、装备制造业高端化发展，打造三产融合、生产性服务业集聚的综合性园区。

空间布局 “三轴四廊道四片区”。“三轴”即沿联丰港路产城融合发展轴、沿春柳路和扬子东路城市拓展轴。“四廊”即沿238省道生态防护廊道、三茅大港生态廊道、向阳河生态廊道和泰镇高速生态防护廊道。“四片区”为城北科技产业园（城北科技园）、城东生产性服务业集聚区（2.5产业园）、城区商贸集聚区和现代都市农业园区。投资强度大于400万元人民币/亩。

园区建设 至2021年，区内建成“六横四纵”主干道路网络、水污分流管网和燃气、自来水、供电管网。建成厂房150余万平方米。

入园企业 新型工程电气、设备制造、生物工程、新能源、新材料、现代物流业、在线办公、教育、信息服务业、新技术研发创意产业、康养服务业、商务旅游业、金融服务业、节能与环保业等。至2021年，入驻企业83家。其中，省级高新技术企业11家，规上企业15家。

园区效益 2017年，省科技厅批准成立扬中市新城科技孵化器，建成“创业苗圃+孵化器+加速器+产业园”全孵化链条。至2021年，科技孵化器创建成为国家级众创空间，成功孵化项目108个；引进高校技术转移中心3家，中介服务机构6家，获发明专利19件、实用新型专利15件，科技成果转化销售收入6.5亿元；入驻创业团队、企业85家，吸纳劳动力7600余人；销售收入55.89亿元，入库税收3.25亿元。

手工业

50年代起，三茅因地制宜，创办手工业作坊，生产小型日用品。80年代，手工作坊蓬勃发展，专业村享誉扬中。90年代，有的手工作坊扩大规模，更新产品，跻身规模企业行列；有的被淘汰出局。专业村为三茅工业发展作出的贡献应载入史册。

铜匠村

60年代，丰裕公社勇气大队第6生产队陈氏三兄弟精于铜器生产，远近闻名，其他生产队亦有铜匠生产铜制生活用品，生意兴隆。铜匠凭经验手工操作，铸造铜勺、铜铲刀、铜脚炉、铜汤婆子和橱柜、木箱、大门装饰件。70年代初期，铜器加工一度被禁。70年代后期改革开放，铜匠再操旧业，并带徒传艺，学艺者多住勇气大队。铜匠多了，产品也就多了。有些铜匠晚上在家加工，白天担起铜器产品走村串埭叫卖，销遍扬中。“铜匠担子，走到哪里响到哪里”，勇气大队因铜匠出名。进入80年代，铜匠们生产转型，为大工业加工配件。原料从铜材扩展到铝材，传统泥模浇铸转向翻沙浇铸，并增加切削、抛光等流程，开始机械化生产。“勇气村—铜匠村”声名鹊起。1986年，勇气村铜制品总产值75万元。90年代，铜制品生产成为村主要产业，年产值均超2000万元，利税260万元左右。进入21世纪，国家产业政策调整，铜制品企业转型发展。

竹器村

扬中盛产芦柳竹。80年代前，域内家家户户都有竹园。竹匠（篾匠）人数愈来愈多，竹器村应运而生。进入21世纪，绿色用品再受青睐，竹制生活用品畅销，竹器编织手艺得以传承光大。

筲箕村　80年代前，家家户户淘米用筲箕。三茅公社中桥大队5队、6队男女老少都会做筲箕。全家人人动手，分工协作：爷爷劈篾子、抽篾子，父母亲削竹环、刮篾子，奶奶、孙子做筲箕。5队“小哥子”（小名）全家人一天能做20只9寸筲箕。中桥筲箕美观、结实、耐用，远近闻名，商贩慕名采购销往全国各地。

竹篮村　20世纪盛行竹篮。大众大队（村）4—8队，人人是篾匠，家家做竹篮，代代相传承。6队陈佩阳和7队李纪福、陈正林等户，全家人一天最多时可做竹篮15—20只。他们白天务农，早晚做竹篮。成品销往大江南北，有时为图个好价钱将成品挑到镇江、常州、南京等城市沿街叫卖。

筥篮　簸箕　匾子村　50—80年代，滨江大队（村）以做筥篮、簸箕、匾子闻名。1—6队、15队家家户户做筥篮、匾子，13队、14队家家户户做簸箕。70年代，滨江大队成立竹器副业组，集中做筥篮、匾子、簸箕，名声远扬，多有上门订货者。2022年，滨江村几位老篾匠传承弘扬篾匠工艺，做小筥篮、小扁子、畚箕等竹器上街售卖，或到附近乡村兜售，深受居民喜爱。

筛子村　做筛子是三桥村篾匠强项。筛子有格筛、米筛、漏筛。60—70年代，河南4队、5队分别创办竹器副业组，集中篾匠做筛子卖到县收购站。进入21世纪，三桥村河南片区老篾匠不丢本行，仍操旧业编筛子。

柳器村

三茅地区滩涂柳资源丰富，指南大队有柳滩160余亩，营房、长兴2大队各有柳滩100余亩，另有许多社员在沟岸河边零星洼地栽种柳条。20世纪60年代起，大队利用得天独厚的资源创办柳器厂。每到清明节前后，社员集中刮柳、晒柳、选柳、打捆入库，编织柳器。1972年，指南柳器厂抽调技术工人到江苏金湖、上海青浦指导柳器生产。营房大队和长兴大队柳器厂，各有产品50余种，内销产品有笆斗、柳皮椅、柳皮手提包等，外贸产品有狗窝、各式花篮、吊篮、花盆等。外贸产品由县外贸易公司收购，远销东南亚各国。年销售收入60万元左右。进入21世纪，有柳编技艺的村民家庭进行订单式生产，编织工艺品供外贸出口。

竹器编制作业中的老篾匠

4 商贸名镇

四方通衢，商贾者集于此；

八方际会，购物客汇与斯。

三茅历来为扬中商贸中心。明末清初，商贸业已见雏形。民国初年渐现兴旺，然中期迭经兵燹，发展滞缓。20世纪50—80年代，商贸业逐渐繁荣。进入21世纪，三茅镇市政建设和商贸业飞速发展，古老商贸名镇生机勃发，活力四射，繁华尽显。2021年，三茅街道社会服务业应税销售总额297.2亿元，城乡集市贸易成交额12.75亿元，尽现商贸重镇风采。

扬子商业广场
时代电影城

江洲路街区

明万历年间，以三茅宫为中心，摊点摆放日益增多，渐成集市。乡民在集市两侧建房，小瓦青砖，后坊前店。明末清初有固定店家20多家、摊位40余个，形成街道100余米，时称三茅街，即今江洲路街道雏形。随着商贸发展，摊店、商店数量不断增加，街道向东西延伸。民国年间，街长250米，两侧分立百货店、布店、烟酒店、饭店、豆腐店、医馆、药店、浴室、理发店等店铺80余家。

解放后，三茅商业街得到较快发展。1951年，创建扬中县百货公司。1958年，以三茅大桥为中心，街道向东西各延伸900米、1860米，分别称鼓浪路和巨轮路，有商铺150余家，成为扬中商品集散中心，社会商

浩港商业街区

品交易额657.3万元。70年代后期，两路并称江洲路，三茅大桥东为江洲东路，桥西为江洲西路。县五金交电化工公司、县石油公司营业楼于江洲西路落成。80年代，江洲西路多建筑装潢材料商家，人称“装潢材料一条街”。江洲东路北侧几乎为扬中商城所占，南侧为服装商铺、休闲场所和新华书店。80年代末，江洲南路北经美人鱼广场连接江洲东路，南经环城南路拓展至迎宾大道，全长2227米。沿路有大不同酒家、东方商场、五星家电商城、农副产品批发市场和南园农贸市场等商家和市场。

90年代起，古街面貌日新月异，商铺高楼如雨后春笋。通达商厦、扬中商城和雨润中央商场开业，利民市场、周仔大酒店、扬中影剧院、大鹏装饰城面貌一新。至2021年，商场、专营商店、连锁超市，中国工商银行、中国农业银行、中国建设银行、中国农商银行等金融机构营业点，邮政营业厅、手机专卖店、电脑公司、旅游公司营业点等1000余家店铺夹峙百年老街，经营商品和服务项目数以万计。街道白天人流如织，入夜万家灯火。江洲路街区成为扬中商业中心，繁华不啻苏锡常商贸街道。

前进路街区

清初，有乡民于三茅宫南摆摊设点、砌房造屋开店经商。清末，摊点南延，形成街道近60米，时称三茅南街，为今前进路前身。民国年间，南街有商贸店铺和固定摊点40余家。

解放后，南街商贸发展迅速。50—90年代，扬中百货公司、扬中印刷厂、扬中饭店、亚太娱乐中心、扬中五交化公司（西门），三茅医院、金穗商厦、三茅供销社门市部等50余家商铺先后分列道路东西。1979年改称前进路，路长500米。1984年道路南延500余米，称前进南路（原路改称前进北路）。北起扬子中路，南至建设桥。市人民医院，扬中建筑一公司、二公司，燃料公司及30余家商铺、饭店、公寓楼落户道路两侧。

进入21世纪，前进路街区改造，沿街工厂撤离，店铺拆旧翻新，拆平房建高楼，拆老居民区，建商业区。前进北路西侧成为新天地购物中心，东侧北部成为通达商厦西区，南部有罗莱家纺、华康大药房等店铺10余家。前进北路和江洲西路东段构成扬中繁华的现代化购物中心。

前进南路有众向百货商场、人民大药房等20余家商铺和家园粥铺、钱厂酒楼等10余家店铺。

道路尽头东南侧为长寿公园。公园中心一株栽植于清乾隆初年的银杏树，树高21米，树冠直径最大处15米。清晨和黄昏，园内健身者众多，热闹非凡。

民国初年集市图

20世纪80年代三茅街头机械修理

新兴街区

扬子路街区

扬子路街区是90年代初开始兴建的三茅地区东西方向主要街道，由扬子中路、扬子东路、扬子西路组成，是扬中市新兴商业、金融街区。

扬子中路　高楼林立，建设银行大楼、农业银行大楼、扬中大厦为20世纪90年代扬中地标性建筑。110米高电视发射塔矗立在扬子中路中部，蔚为壮观。

大型购物中心新天地（南区）、华润苏果扬中连锁超市、锦江酒店扬中连锁店、如家酒店扬中连锁店、华联医药公司、华康医药公司等80余家商贸和餐饮、医药店铺分列道路两侧。扬中市经济发展局、公共资源交易中心、自然资源和规划局三茅分局、国家电网扬中公司营业厅、扬中广电中心营业大厅坐落街道两边。

中国人民银行、中国建设银行、中国农业银行、中国银行、中国工商银行等13家银行在此建立支行，另有3家保险公司在此设立营业点。300米路段有金融机构13家、网点18个，人称“金融一条街”。

扬子东路　扬子河居口，道路分为南北两道（岸）。大型购物超市扬子商业广场和东城区标志性建筑中海大厦占据南岸西段。西起中海大厦，东至扬中大道，电动车销售商家挨次排列，形成“电动车销售一条街”。北岸东段，有易科电脑公司、办公设备专卖店等10多个专营商家，人称“电子一条街”。北岸西段大部被利民市场（南区）所占。

扬子西路　市烟草公司、农村商业银行、市卫生健康委员会、城西邮政分局、工商银行和农业银行营业点落户于此。邮政物流、长江大酒店等30余家单位、店铺分立街道两侧。城西公园、市交通运输局和市行政中心，分列西段南北。另有汽车修理、饭店、小商铺10余家。

环城南路街区

环城南路，人称“建材一条街”。华凌门窗、成钢不锈钢专卖（装潢型材）、江南油漆店、卫士卫浴、强牌陶瓷等70余家商铺、加工店铺和建材市场分列街道东部。其间，金星木材市场面积8600余平方米，经销各类建筑、家装原木、型材和合成木建材，占扬中木材市场销售覆盖率80%以上。

街西部北面邻水，南面店铺林立，有创鑫研地板、琉璃瓦专卖店、信诺门窗等20余家建筑装潢材料店铺。中联汽车配件、龟博士汽车美容等10家汽修汽配商店落户其间。

美食一条街（港东北路街区）

港东北路西临三茅大港，东侧80余家店铺有80%为各种风味中、小型美食餐馆，人称“美食一条街”。

川渝风味店家有重庆老火锅、醉月楼川菜、本飞酸菜鱼等10余家。桥头饭店、春园酒家等6家主打苏系菜肴。团结饭店、宴遇酒楼等10余家饭店主推淮扬菜系。小叮当餐饮、圣悦轩酒家等20余家店铺经营各类风味小吃，可根据顾客要求烹制各类美食。贵州狗肉、蓝阿哥牛肉等10家食铺各推自家特色。扬中江鲜是所有店家所爱，烹调各有特色。索颜之美健身馆、丝念美发沙龙等10家健身、美容场所落户其间。

美食街西侧临河设花坛绿地，其间布设仿古牌楼式站牌，站牌上书《诗经》、唐诗、宋词等经典诗篇。店内店外装潢仿古，外墙篆刻诗词名句。店内装潢古色古香，应景古诗词匾额随处可见。“小二”上菜时，时不时吟上几句应菜、应人、应景诗句，时有好文饕客应和，为饮食环境平添几分诗意。故美食

街又称“诗词一条街”。

步行街（港东南路）

位于江洲路商圈，北侧为江洲路，南侧为扬子路，西侧紧靠三茅大港，占据城市核心区位。长280米，宽45米，邻水而建，建筑面积5.6万平方米。西侧沿河建筑为局部三

港东南路步行街

层，东侧为局部五层，水的灵动、鱼的欢悦交相生辉，成为情境式商业步行街道，集餐饮、休闲、娱乐和购物于一体。建筑群一层分东西街，二层以上连为一体。

一层东街经营鞋帽服装、金银首饰和食品零售。二楼和西街一楼经营各色风味小吃和特色餐饮，数十家小吃和餐饮店分列其间。三楼经营服装，40余家特色服装商铺落户于此。四楼、五楼有KTV、游艺城、影院、健身馆、商务会所等。

翠竹路街区

翠竹路由翠竹北路和翠竹南路组成，

是城区南北方向主要商贸街道之一，有商铺130余家。

翠竹北路　东有童学馆、秋水轩休闲会所、通达轮胎专卖店、家家乐超市和中国银行扬中支行等数十个商家、单位。西有城北公园、辣子河豚火锅、扬中特产商铺、体育器材商场、市民广场、扬中大厦、锦江之星连锁店等数十家店铺、广场。

翠竹南路　金叶大酒店、中国旅行社扬中营业处、烟酒专卖店、美容中心、中国电信营业部、海尔电气专卖点、五金工具专卖店等60余家商铺排立于东侧街面。

西有华联药业、董记海鲜、市商业集团、电缆专卖、电影广场、尚万家购物广场、生润园林公司、中燃客服中心、乒乓球俱乐部、假日酒店、中燃城市公司等50余家单位和商铺。

新扬路街区

新扬路街区是90年代新建，由新扬南路和新扬北路组成。

新扬南路　东有上雅苑现代生活区（西门）、碧桂园（扬中）售楼中心、凤凰优选商场、建设银行营业处、新世界酒楼、新世纪汽车装潢、欧凯集成吊顶、扬中微视、立邦涂料、东北菜馆等30多家商店、餐饮店。

西有江苏省扬中高级中学（东门）、奥体中心、酒鬼酒专营公司、老店酒楼、三之三幼儿园、凯悦国际生活区和扬中市人民法院、司法局、检察院等30多家学校、饭店和商铺、机关。

新扬北路　东有聚福园酒店、雅迪电动车专卖、中国移动营业点、共享汽车商贸、清华池洗浴、兄弟川菜、儿童运动馆、明珠幼儿园、明珠小学等40多家商店、学校和凯旋苑、明珠花苑别墅区、聚福苑商住区。

西有市妇幼保健院、市疾控中心、恒丰银行、中远超市、苏穗建材、昌达汽修、环宇商贸公司、群鑫金属公司、永建批发部、龙鼎铝材批发部、金南大酒店、馨居装饰公司、爱车汇汽车保养等机关、商铺和餐饮店以及新扬北苑居民区。

市场集群

博联农商城

位于明珠广场东侧，环城北路北侧，占地15公顷，建筑面积10万平方米，总投资8亿元。商铺3层、商住楼18层，2012年12月竣工开业。经营农副产品、水产品、五金机电、灯具电器、小商品、家居软装、酒店餐饮等。商铺总数1727家，其中，蔬菜经营户50家、肉类经营户58家、水产经营户100家、农副产品经营户100家、建材家居类经营户70家、酒店餐饮经营户8家、银行1家、健身房1家。水产品批零兼顾，批发和零售量最大的为河豚，年交易量4200余吨，其中，扬中内销3000吨，外销1200吨。2021年，销售额1.5亿元。

利民市场

1986年元旦建成开业，南面扬子东路，北临江洲北路。占地1.24公顷，建筑面积1.23万平方米，经营户616户。商品有服装、日用百货、干鲜果、农副产品等。至1995年，利民市场连续10年被评为省级文明市场，连续3届（两年1届）被评为全国文明市场。

1996年4月，扩建改造，占地扩大至1.97公顷。营业面积2.4万平方米，网格式店铺772间。另有门市房16间、固定摊位91个。一楼主营鞋帽、布匹、日用百货、床上用品、工农业生产原辅材料等；二楼主营服装，经营品种1200多个。是年，进场个体商户778户。2006年，兼并重组，经营户323户，平均每户面积由30平方米上升至75平方米。经营专业化、规模化。年营业额超100万元的经营户近50户。2021年，有商户426家，年交易额超2亿元。

农副产品批发市场

位于江洲南路，占地2公顷，建筑面积1.5万平方米，内含南园农贸市场，共有商铺、摊位287户（个）。主要经营干鲜果、蔬菜、粮食等批发兼零售。该市场是扬中最大的水果、蔬菜集散地。各地时令水果、蔬菜和干货源源不断运进，再从这里流向各集镇及居民小区零售点。季节性水果常年交易。2021年，全市各类水果销售约2100吨，其中35%经此批发。是年，市场交易额2.51亿元。

商场超市

通达商厦

位于前进北路51号，1993年元旦开业，占地1.21公顷，建筑面积1.3万余平方米，营业面积8000平方米，5层楼面，时称“镇江第一店”。是年4月，全国人大常委会原副委员长彭冲莅临视察，即兴题词“兴旺发达”。商厦内设百货、黄金饰品、文体、服装、箱包、家电、食品和日用杂品等12个商品部，12个精品柜，10个自选商场，经销商品2.2万种。名牌服装经营是商场特色之一，香奈儿、范思哲、阿玛尼等10个国外品牌在此设有专柜；鄂尔多斯、七匹狼、九牧王、巴拉巴拉、杉杉等诸多国产商品深受顾客青睐。商厦设儿童乐园2个，音乐茶座1处。2005年拓改，增加营业面积2000平方米。商厦曾获“中国商业名牌企业”和江苏省“文明单位”“诚信单位”“‘正版正货’示范街区”称号。2021年，零售额近1.8亿元。

扬中商城

位于江洲东路28号，1993年12月开业，占地0.87公顷，建筑面积7300平方米，4层楼面，营业面积6200平方米。设柜组78个，主营黄金珠宝、烟酒副食品、洗涤化妆品、皮具箱包、手机钟表、床上用品、服装鞋帽、数码产品、文体用品、儿童玩具等商品，品种2万余。商品以中档为主体，兼营高档名牌。时装专柜有香奈儿、阿玛尼、古驰等世界名牌专柜。国产服装波司登、报喜鸟、雅戈尔、千百惠等近百个品牌深受顾客青睐，鞋类以金利来、花花公子、达芙妮等数十种中档品种销售量为最。家电海尔、海信、格力、长虹、樱花、TCL、创维等数十个品牌深受欢迎。黄金珠宝特约经销上海老凤祥品牌。商场附设休闲茶座、百货超市、食品超市。

2021年，零售额1.5亿元。商城曾获“全国供销合作社系统先进集体”称号，两度获江苏省“百城万店无假货活动示范店”称号。

中央商场

位于江洲西路8号，地处城市中心商圈，2013年9月开业，由南京中央商场（集团）股份有限公司投资5.5亿元创建。占地1.33公顷，地上8层，地下1层，建筑面积6.7万平方米，经营面积4.12万平方米，是生活化、家庭化、多功能化、全客层体验式中高档购物中心，经营大众时尚百货、流行风尚餐饮，是购物、休闲、娱乐为一体的综合性大型商场。商场由大型百货（潮宏基、中国黄金、明牌、老凤祥、同仁堂、欧莱雅等）、餐饮娱乐（必胜客、星巴克、儿童游乐园等）、精品服饰（报喜鸟、培罗蒙、七匹狼、花花公子、耐克、阿迪达斯、巴拉巴拉等）、生活配套（幸福蓝海影院、罗兰佩蒂美容院、铜锣湾KTV等）和社区服务（华为、世纪宝迪健身中心等）5大部分组成。2021年销售额2.5亿元。商场曾获全国“百城万店无假货示范店”“用户满意服务企业”“商业诚信AAA企业”和江苏省“绿色商场”“放心消费创建活动示范单位”等称号。

扬子商业广场

位于扬子东路和港东南路交会处，2012年1月开业，占地1.17公顷，建筑面积5.2万平方米，由主楼和裙楼组成。主楼20层，其中地上18层、地下2层，楼高66米。裙楼5层。主楼和裙楼1—5层为商铺用房。主楼6—20层为商用写字楼。地下1层为华润苏果超市，经营品种众多，有食品、蔬菜、餐具、日用化妆品、土杂干货等商品36大类1200余种。地下2层有车位300多个。地面一层主要经营珠宝玉器、中高档女装、服饰精品、特色餐饮。国内外名牌中高档女装于此设有专柜，其他精品服饰亦有专柜。国内特色餐饮于此设有连锁店。二楼经营品牌服装、化妆品等。苏宁家电超市亦落户于此。三楼经营儿童服装，有数十种品牌儿童服装专柜。设有儿童乐园，园内有亲子餐厅和儿童活动场地。五楼设电影院和录像放映室。2021年，营业额2亿元。

吾悦广场

位于迎宾大道和新民路交会处东南侧，2021年6月建成开业，占地8.23公顷，建筑面积12.28万平方米，地下1层，地面4层，局部5层为办公场所。

吾悦广场是扬中首家以大型零售业为主体、众多专业店为辅助业态的多功能商业服务设施聚合体，集时尚购物、特色餐饮、娱乐休闲、生活配套服务于一体。经营项目有企业管理、房屋租赁、营销策划、信息咨询、会议展览、五金交电、家用电器、通信器材、照相器材、体育用品、办公用品、黄金珠宝、服装鞋帽、钟表眼镜、皮革制品、化妆品、针纺织品、日用品、金属材料、物业管理等30余项。

吾悦广场外景

地下一层由购物中心、地下停车场、地下人防区组成。购物中心长申超市面积1.5万余平方米，经营商品数千种。一层有服饰配套、生活配套、餐饮配套、蔚来新能源汽车销售4大区域。二楼有电玩、儿童娱乐、生活配套、餐饮4大功能区。三楼有母婴用品、儿童服饰、餐饮、生活配套3大功能区，其间京东电商设立展示专柜。四楼由餐饮、生活配套、体育休闲锻炼（含游泳池）组成商贸空间；丽人健身场馆提供数十种休闲体育锻炼项目，开设100余种锻炼保健课程。全场有商铺区210个，日均销售额120余万元。

世纪金源广场

位于中心城区商贸商务集聚区内，占地6公顷，由中国企业500强世纪金源集团投资40亿元建设。建筑总面积45.5万平方米，单体建筑面积为扬中建筑物之最，是镇江市单体建筑面积最大的城市综合体。

地上建筑面积32.5万平方米，地下建筑面积13万平方米。广场由地下1—3层、地上4层商业裙楼和8幢29—33层住宅、公寓、酒店、商务楼宇组成。其中，地下1层、地上4层用于高档商业区和特色街区建设。地下车位2100个，为镇江市单体建筑地下车位数之最。

2021年5月，工程竣工。新天地购物中心先期入驻地下1层，以超市业态经营蔬菜食品、生活用品、五金交电、家用电器、通信器材、体育用品、办公用品、黄金珠宝、服装鞋帽、钟表眼镜、家具玩具等30个系列商品。日均成交额12万元。

世纪金源推进大型商业、生活超市、高端品牌、五星级酒店、影院等项目入驻，商家全部入驻年营业收入10亿元左右。

其他商场超市

华润苏果华鑫购物广场　位于扬子中路和明珠大道交会处，始建于2007年，占地0.85公顷，建筑面积8250平方米，营业用房1—2层共5500平方米，第3层办公和其他用房2750平方米。一楼经营蔬菜、水果、鱼肉、粮油、食品土杂干货和珠宝首饰等商品700余种。二楼经营家用电器、服装鞋帽、针纺织品、床上用品、厨具餐具、饮料酒类、卫生用品、化妆品、礼品花卉、图书文具、音像制品、劳动保护用品和食品等。2021年，销售额5000万元。

红星国际生活广场　位于新民路，占地4公顷，2019年建成开业，建筑面积7万平方米，主营家具建材。一楼经营卫浴、洁具、陶瓷、石材。二楼主营地板、门窗、集成吊顶和墙面砖。三楼经营窗帘、布艺。四楼经营餐饮、休闲娱乐。共有商户430余家，2021年成交额6000余万元。

五星电器扬中大卖场　位于江洲南路西侧，是全国性家用电器零售连锁企业五星电器在扬中的连锁店。占地0.71公顷，建筑面积3950平方米，2004年开业。营业用房3000平方米，主营五金、交电、空调、燃气灶具和热水器、电脑、通信设备、电子元器件等商品。2021年，销售额8000万元。

宾馆酒楼

菲尔斯金陵大酒店

菲尔斯金陵大酒店是扬中首家按五星级标准建设的商务酒店，为金陵饭店连锁店。位于新城区迎宾大道1888号，占地11公顷，建筑面积4.24万平方米，2013年建成开业，是扬中市地标性建筑。主楼高99.2米，地上23层，地下1层，裙楼4层，车位400个。

酒店有256间（套）客房和大堂吧、零点中餐厅、宴会包间、全日制餐厅、宴会大厅及多间多功能厅。最高层二十三楼有豪华空中贵宾包厢3个，贵宾会议接待厅2个，置身其中可俯瞰整个江岛风光。总统套房位于22层，高贵豪华。所有房间均为全景玻璃窗，能近观城区繁华美景，远眺水光山色。有健身房、游泳池、乒乓球室、台球室、棋牌室等康体娱乐设施。一楼为西餐区。二楼及二十三楼为中餐区。三楼为宴会区，有3个宴会大厅及多个多功能厅。国家级江鲜名厨烹饪系列特色菜肴河豚宴、江鲜宴、江鲜大礼包等独家产品引领扬中中高端江鲜美食市场。酒店有健身房、游泳池、乒乓球室、台球室、棋牌室等康体娱乐设施。2021年，营业额6000余万元。

长江大酒店

位于扬子西路东首，是扬中市首家四星级旅游饭店，占地6.67公顷，建筑面积2.8万平方米。主楼地上15层，高65米，地下1层。裙楼5层。有套房143间（套），其中总统套房1套。宴会大厅面积1528平方米。有多功能餐厅3个，面积890平方米。有各类餐饮包厢30个，会议厅2个，聊天吧3个，KTV大厅1个，KTV包厢12个，健身房、桌球室、桑拿按摩房、游泳池各1个。停车场车位400个。主菜系苏式、淮扬式、江鲜美食和其他名点菜系。2021年，营业额4300万元。

君泰（维景）大酒店

位于环城北路，是扬中市首家江苏省生态酒店，占地5.33公顷，建筑面积6万平方米，主楼地上11层，高50米，地下1层。酒店面积4万平方米，有可组合4000平方米（可承办1000人以上宴会）大厅1个，设维景美食、君禧食府、君品西餐厅、大堂酒廊、行政酒廊5个餐饮功能区，有各类餐饮包厢30个，大小不等宴会厅和会议厅6个。有健身、休闲、娱乐及商务场所和配套设施。设客房及套房416间，聊天吧3个，KTV包厢8个，健身房、桌球室、桑拿按摩房各1个。停车场车位300个。主营苏式、淮扬式、江鲜美食和其他名点菜系。

其他酒店

域内还有金叶大酒店、周仔大酒店、西苑大酒店、君豪海鲜城、锦江之星、新世界大酒店等特色宾馆、酒楼30余家，不夜城酒家、刘一手火锅等餐馆和特色小吃店100余家。

菲尔斯金陵大酒店

5 乡村振兴

乡村振兴，农民走上致富路；

党建引领，众手推开幸福门。

三茅街道落实乡村振兴战略，坚持党建引领，城乡统筹发展；推进农业农村改革，壮大集体经济，增加农民收入；实施农村环境综合整治，创建美丽宜居乡村；开展精神文明建设，提高乡村文明程度；推进民主法治示范村建设，提高乡村治理体系和治理能力现代化水平。

走进三茅农村，乡土气息宜人。水清岸绿白鹭飞，别墅成群生态美。特色田园乡村、美丽宜居乡村、水美村庄、绿美村庄，一块块省级荣誉牌，金灿灿，沉甸甸，昭示乡村建设的辉煌。

公共设施和居民点

公共设施

农村公路 2017年，三茅街道启动“农村四好路”（建好、管好、护好、运营好）建设。2017—2020年，新建、改建农村公路39条，提档升级建设26条，共50余公里。2020

三茅街道农村居民点

年，乡村双车道四级公路覆盖率、建制村500米半径城乡公交通达率、安全隐患整治率和道路硬化率100%。域内公交“三兴线”被评为“2020年镇江市美丽农村路”。

供电设施　2017年，实施新一轮农网改造升级工程。2020年，农网110千伏丰裕变电站建成投运。至2021年，新建、改造三茅农网中低压线路200公里、新增变压器50台；建成三茅农村电力无线4G专网基站390座，接入各类终端业务2805个；新建三茅城乡新能源交通工具充电站29家、充电桩1000余个。

供水管网　2017—2021年，配合农村公路、工业小区、服务设施和居民点建设，新建供水管网19.63公里；结合“五水联治”，改造金星小区、勤丰小区、三桥居民点和昌盛路、宝岛路、建中河等农村老旧供水管网38公里。

通信网络　2018年，实施通信网络线路下地、道路标线迁移和管线配套建设。2020年，与中国电信扬中分公司合作，开通境域33个村（社区）云会务系统，实现同一平台多方沟通需求。2021年，实现通信光纤城乡全覆盖。百户家庭拥有彩电154部，其中接入网络电视150部；移动电话209部、计算机53台。

居民点

规划　2016年，编制《扬中市三茅街道农村居民点规划（2017—2030）》（以下简称《规划》）。规划范围为城乡发展控制区以外乡村地域，面积29.3平方公里。规划区域定位为沿江特色农业发展基地和为城市提供农产品及生态旅游产品的乡村型村庄。

《规划》选址11个居民点，分别为营房、永和、指南、锦程中心居民点，明华、中华、友好、永勤、兴阳、丰裕居民点和兴华1号、2号居民点。村域现状总户数7930户，规划户数4289户。总人口控制在1.4万以内，与市域总体规划三茅农村人口等量。

《规划》鼓励发展现代生态农业和观光农业，通过集中居住、老埭复垦，使耕地集中连片，实现规模种植。同时，从有利于生活、就业和交通减量出发，适当保留无污染村级工业企业。

建设　2017年，全面启动11个农村居民点建设。至2021年，修筑区间道路14.79公里，安装路灯500余盏；铺设污水管线8.68公里、雨水管线6公里；实施文体休闲、绿化配套工程1.82万平方米，其中健身场馆28处；网络通信、广播电视线路与城区对接，自来水支管接通主管网，597户居民建房入住。

集体经济

2016年起，街道推进农村集体产权制度改革，组建规范化集体股份经济合作社，有序流转承包土地经营权，促进规模化种养业发展。2017年，开展“建工业厂房、建商业物业，增固定资产、增稳定收入”的“双建双增”活动，筑巢引凤，吸引企业投资，拓展增收渠道。同时，策应扬中“长江生态旅游岛”建设，打造美丽宜住村庄，开展乡村旅游。2021年，27个建制村（社区）集体经济收入共8100万元，村（社区）均300万元。

集体股份经济合作社

2017年，营房村土地股份合作社成立。2018年，新民社区又成立镇江市首家规范化股份经济合作社，面积1.62平方公里，涉及居民小组18个和居民622户、2586人；集体资产4895万元，股权总数2298股。2018—2021年，社区年均经营性收入327.6万元。2021年首次分红，每股收益139元。至2021年，街道有集体股份经济合作社27家，涉及股民7.1万人，资产总额10.92亿元。

村级工业聚集区

2017—2021年，共开发建设指南、锦程、三桥等村级工业聚集区19个，建有标准化工业用房27.39万平方米，入驻企业182家，其中规模以上企业14家，职工6000余人。2021年，总产值10.68亿元，利税1.28亿元。

物业用房

2017—2021年，兴阳、营房、友好、新扬等27个建制村（社区）共建有物业用房31.56万平方米，其中商贸用房26.99万平方米、金融用房6000平方米、养老服务用房1.61万平方米、康乐用房6800平方米。2021年，村（社区）物业用房经营性收入2058.76万元，村（社区）均76.25万元。

乡村旅游

2018年，建设兴阳长江渔文化风情小镇，被省农业农村厅公布为“休闲农业精品村和全天式休闲旅游特色村落”。此后，兴阳村后永乐圩、营房村国字圩、明华村五虎圩创成江苏省特色田园乡村，友好村宽心圩被命名为江苏省传统村落和省级生态农业旅游基地。至2021年，三茅街道利用独特的水资源、渔业资源和生态资源，打造乡村旅游景区10余处，年接待旅客10余万人次，旅游综合收入3亿元以上，转移安置农村劳动力2000余人，带动就业创业上万人。（详见本志《旅游览胜》）

现代农业

江之源渔业

三茅街道立足农民增收致富，加快现代农业建设。依靠科技进步，促进农业发展。创建农业园区，发展家庭农场，培育新型农业经营主体。2016—2021年，农业总产值由5.16亿元增至6.79亿元，农民人均纯收入由2.65万元增至3.58万元。

农业科技

科技培训　2016年，三茅街道采取请进来、送出去的办法，组织人员参加省市级农业科技培训10期。其中，水稻高产栽培技术规程、水稻机插秧高产栽培技术培训2期、60余人，稻麦测土配方施肥技术、病虫害专业化防治培训3期、90余人，特种水产养殖专业培训2期、50余人，蔬菜园艺专业技能培训2期、40余人，农产品电子商务培训1期、30余人。2018年起，组织冬春农民大培训，传播农业实用技术。至2021年，共培训农业科技人员1600人次，培训农业专家、青年农场主、新型职业农民、专业大户250人次，培训一般农民1350人次。

科技服务　2016年，全面推进农业科技服务站建设，16个村全部建成规范化农科站，拥有科技服务指导员32人。同时，实施稻麦种植、园艺栽培和畜禽水产养殖科技入户工程。是年9月，在指南村7组、8组建成江苏省扬中市化肥减量增效示范区，核心区150亩，示范辐射1300亩。

2017年3月，金香园生态大米获江苏省优质稻米博览会金奖。金香园生态农业合作社由指南村童忠林创办，水稻种植采用自主研发的太阳能灭虫灯和旱捕式拖虫网等物理防控技术质保，被农业部列为农业作物病虫害绿色防控标准示范园。

2019年，永和村周龙保采用“微孔增氧”设施养殖小龙虾，产品体大肥厚、肉质细嫩，产量提高30%，亩产纯收入达7000元，其创办的百亩水产养殖场获评“全国基层农技推广体系改革与建设项目科技示范户”。是年，镇江江之源渔业科技有限公司长江刀鱼养殖项目通过国家级标准化示范区考核验收。公司有标准化示范养殖面积80公顷，实现年产20万尾优质商品刀鱼（100克以上/

引用长江水养殖水产大丰收

营房村莲藕大丰收

水产养殖光伏发电一体化

尾）生产能力，销售额8000万元/年。项目填补长江全面禁捕后的市场空白，带动江鲜特色餐饮业发展。2020年，公司所属扬中特种水产产业分店被镇江市科技局评为优秀科技服务超市。次年，被评为江苏省优秀科技服务超市。超市服务示范基地500余公顷，带动辐射2000公顷，服务农民2981人次，带动科技示范户76户，人均增收2300元。

至2021年，三茅街道共建成农业科技示范站12家、示范基地（园）26家，培育农业科技示范户960户。域内测土配方施肥技术覆盖率95%，农作物绿色防控产品使用面积90%，农作物优良品种推广率100%，农业科技进步贡献率80%以上。江苏紫江生态农业有限公司（指南村）“镇江香醋专用糯米产业链关键技术创新与应用”、扬中市洲安果蔬种植家庭农场“‘三茄’穴盘基质育苗技术集成研究与应用”等40个农业项目被认定为市科技创新重点项目。其中，镇江江之源旅游发展有限公司“长江刀鲚（鱼）绿色养殖与浮床薄荷耦合的主体种养关键技术研究”、扬中市聚龙江鲜专业合作社（永和村）“亩产100千克长江刀鲚生态高效养殖规模研究”、营房村“云种植”、明华村“智能大棚”等23个农业项目被认定为镇江市级以上科技奖励项目。

农业园区

现代渔业园区　位于三茅街道北部临江圩滩，以万亩精养鱼池和长江滩地资源为中心区域，总面积3.1平方公里。2009年始建，2020年被命名为江苏省现代农业产业示范园。主要经营主体11家，其中有省级农业企业镇江江之源渔业科技有限公司；镇江市级农业企业镇江市绿色农业有限公司和江苏豚岛食品有限公司；扬中市级农业企业扬中市环太生态农业有限公司和扬中市扬子渔业投资有限公司。2021年，养殖面积270公顷，其中河豚工厂化养殖面积14公顷、江蟹标准化养殖130公顷、刀鱼特色化规模养殖55万尾、其他长江珍稀鱼类养殖面积126公顷。水产品总产量2550吨，渔业总产值2.78亿元。镇江江之源渔业科技有限公司“扬子牌”水产品获江苏名牌农产品称号。

现代都市农业园　位于三茅街道城北，规划面积1063公顷，以高效设施蔬菜、特色果品和休闲农业为主导产业。2014年，建成区面积266.66公顷，其中高效设施蔬菜基地93.3公顷，特色林果基地50公顷（含观光采摘园13.33公顷）、甘薯种植基地40公顷、智能温室1.8公顷，休闲垂钓养殖一体化渔场6家，标准化鱼池53.33公顷。2021年，园区总产值8300万元。

家庭农场

2015年，引导和鼓励有一定规模的种养大户成立家庭农场。当年，经工商登记的家庭农场3家，经营面积28公顷。2016年，新增家庭农场15家，经营面积224公顷，其中江苏省、镇江市示范家庭农场4家。2020年，开展扬中市级示范家庭农场评定。2021年，域内有家庭农场76家，经营面积450公顷。其中，稻麦种植类家庭农场29家、园艺类28家、水产养殖类14家、畜禽养殖类2家、其他类3家。

北滩江水生态养殖场

江畔鸭群

产业结构和经济效益

产业结构　2021年，域内共有各类农业产业化经营主体103家，经营面积1077公顷，覆盖建制村耕地、水域面积60%。按组织类型划分，农业专业合作社27家，其中国家级2家、省级2家、镇江市级5家、扬中市级3家、普通合作社15家；家庭农场76家，其中江苏省、镇江市、扬中市示范家庭农场18家，普通家庭农场58家。新型农业经营主体辐射带动作用呈现，三茅街道形成以生态稻麦种植、特种水产养殖、特色果蔬栽培和休闲观光为主导的农业产业结构。

经济效益　2016—2021年，三茅街道主要农产品粮食、水产品和水果总产量逐年攀升，2021年，分别为1.19万吨、2274吨（不含现代渔业园区2550吨）和2158吨。实现农业总产值6.79亿元，名列扬中各镇街区榜首。农民人均纯收入由2016年2.65万元增至3.58万元。城乡居民储蓄存款余额由2016年61.19亿元增至107.75亿元，人均储蓄存款余额由2016年8.13万元增至13.59万元，农户家用汽车拥有量由2016年每百户39辆增至85辆。

农村扶贫

2016年，三茅街道将年经营性收入低于150万元的村定为经济薄弱村，将年人均收入8000元以下农村家庭定为贫困户。当年，三茅街道通过发展高效设施农业和物业经济以及村企联建等形式，全面提高村级集体经济收入，16个村年收入均超过150万元；通过行业、社会、金融和“光伏扶贫”等多种形式帮扶贫困户脱贫。光伏扶贫为扬中首创，策应“绿色能源岛”建设，为无稳定收入来源的贫困户免费安装屋顶分布式太阳能光伏发电站，每户年均可达3500—5000元电费收益，并享受国家、地方政策补贴。

2017年，发放低保救助金336万元，受益385户、577人；发放慈善救助款60.9万元，救助901人；扶持41户贫困户改造危房，发放资金90万元。2018年，开展建档立卡、贫困户劳动力就业普查、动态管理、托底安置，实施各类救助919.87万元，受益困难群体1923人；实施危房改造25户，发放资金36万元；推进光伏扶贫，为30户贫困户免费安装“金屋顶”；完成212户建档立卡贫困户脱贫任务。

2016—2021年，持续完善社会保障体系，救助低保户298人、重残796人；以优先安排就业、公益性岗位和攻坚托底、危房改造等形式，完成897户建档立卡户脱贫任务。投入资金176万元，扶持贫困户99户改善住房条件；发放资金2010.72万元，慈善救助困难群体5124人次。

环境建设

绿化造林　庭院美化

绿化造林　2015年，实施普济村生产型绿地和中桥社区绿化项目330亩。2016年，扬中成为国家园林城市，三茅街道继续抓好村庄绿化整体提升和绿化示范村创建，完成四旁植树2万余株，河渠道路绿化15条、22公里，锦程、金星、广宁3村（社区）入选省村庄绿化示范村。2017年起，开展湿地综合整治，恢复、扩大湿地面积，建成北江湿地保护区和长江扬中三茅段暗纹东方豚、刀鱼国家级水产种质资源保护区。实施滨江湿地公园绿化改造工程，按照“彩色化、珍贵化、效益化”要求增加色叶树木，更新外江滩涂造林面积500余亩。2018年3月，三茅街道获“首批江苏省生态文明建设示范乡镇（街道）”称号；12月，滨江村、兴阳村获“江苏省生态文明建设示范村（社区）”称号。2019年，实施友好村古树名木鉴赏园工程和向阳河景观大道建设工程，总投资1.08亿元。

至2021年，按照“布局合理、生态多样、景观优美、特色鲜明”的绿化指导方针，累计完成造林面积58公顷，完善提高农田林网85公顷，完成“四旁”植树10万余株。同时，做好绿化管养工作。共创建省级绿化示范村、绿美村庄6个，“三化”（彩色化、珍贵化、效益化）示范村2个、示范单位3家；农村林木覆盖率25%以上。

庭院美化　街道通过绿色价值观宣传、建筑图审、榜样示范等多种形式，增强居民生态意识和绿色生活理念，广泛开展村社服务区、工业小区、住宅区、单位及家庭庭院绿化活动。2015—2021年，共补植庭院乔、灌、花、果苗木1万余株，翻新草坪5000平方米，籽播或栽植宿根花卉8000平方米。

2015—2021年，市委宣传部、市政园林工程处和扬中新闻网以“建设绿色家园，共享生态文明”为主题，连续举行3届（每两年1届）最美庭院（阳台）评选，引导、鼓励居民合理布局庭院和阳台，创意绿色家园。三茅街道600余户报名参赛，近百户家庭获奖。

污水治理　河道清淤

2016年，全面推行河长制，落实村级以上河道管护措施；实施勤丰、企东等8村泵站增容改建工程。次年，清淤保洁河道总长24公里；关闭沿河化工和大理石加工厂（点）。

池塘水暖鹅先知

2018年，召开水环境综合治理现场会，街道、各村领导和河长与会，完成入河污口调查登记6050处。会后，关停永勤制氧化工，实施城北饮用水源地沿线农户改厕工作。2019年，街道水环境治理攻坚领导小组向村社两委逐一交办、限期完成河道整治、污染源治理具体工作。当年，整治河道12条，改厕2000余户，取缔喷涂化工企业3家。

2016—2021年，累计投入4305万元用于农村水环境整治，铺设雨污水管网341公里；新建、改建污水泵站10座；清理乡级河道14条、村级河道343条，总长192公里；关闭污染源（小型化工和大理石加工点）15家。友好、兴阳、营房、滨江、永和5村被省水利厅命名为省级“水美乡村”。

环境整治　垃圾处置

2015年，整治改造城郊接合部及城中村老圩埭9处，清理垃圾堆积点14处、3万余吨，整治废品收购站81处，关闭、拆除控制区养殖场12家，兴建绿化景观带300余亩，总投资1000万元。是年，全面推行生活垃圾“户投放、组保洁、村收集、镇转运、市处置”管理模式，按人口2%—3%比例配置村组保洁人员，建立健全各村保洁队，同时向建制村投放电瓶保洁车50辆、移动垃圾箱1000余只。2016年，中华村被镇江市政府

废旧衣服科学处理

命名为“美丽宜居村”。2017年，垃圾收运纳入村级公共服务工作考核，街道对垃圾处置作出具体规定，管理更为规范。2019年，开展垃圾分类宣传，三茅街道成为省级农村生活垃圾分类试点全覆盖乡镇。

2020年，以“四清一治一改”为载体，实施新一轮农村环境综合整治。“四清”，即清理垃圾、清理河道、清理农业废弃物、清理无保护价值的残垣断壁；“一治”，即加快乡村公共空间治理；“一改”，即改变农民不良生活习惯。街道党工委发挥党小组“堡垒前哨点”和党员示范作用，调动志愿者和乡贤会等社会骨干力量，引导居民广泛参与，改善村容村貌，共创洁美家园。所属81个自然圩埭经过整治，面貌一新。无害化卫生户厕普及率、生活污水处理设施覆盖率、规模养殖场治理率、圩埭道路硬质化率和公共空间治理率均达到100%。兴阳村后永乐圩、营房村国字圩被省住建厅授予“江苏省特色田园乡村”称号，友好村宽心圩被江苏省文旅厅、财政厅、自然资源厅、农业农村厅命名为“省级传统村落”，勤丰、普济、大众等8村获评人居环境整治优胜村。

2021年，明华村五虎圩创成“江苏省特色田园乡村”。是年，三茅街道16个建制村均建有保洁队，共有保洁人员178人；建有垃圾中转站1座，设置垃圾箱（房）426只（个）；拥有电动保洁车和垃圾运转车83辆，日清运垃圾15吨，日产日清覆盖率100%；建有水冲式公共厕所18座。

大气污染防治

秸秆机械化还田　2014年，通过夏秋收获季节巡查和受理投诉举报，落实秸秆禁烧工作。次年，按照“市督查、镇巡查、村监管、组守防”工作机制，构建网格化、全覆盖督查体系。同时，启动秸秆机械化还田工作，举办培训班，召开观摩会，推广应用水稻机插秧暨秸秆机械化还田集成技术。2017年，推广应用麦秸秆还田集成机插秧和稻秸秆还田集成三麦机播技术，境域稻麦秸秆机械化还田率70%。2021年，三茅街道稻麦粮食作物耕种收机械化水平99%，秸秆机械化还田率95%以上。

绿色能源使用　2007年，扬中天然气管道由城区向乡镇延伸。2021年，三茅城乡252个居民点天然气覆盖率达到99.3%，农村居民与城里人一样用上清洁能源，现代化厨具进入寻常百姓家。

2016年，响应扬中打造绿色能源岛、创建全国高比例可再生能源示范城市决策，推进企业、公共机构和居民三大领域屋顶分布式光伏发电应用。至2021年，农村累计安装屋顶太阳能光伏发电设施3209户，创建低碳绿色能源使用示范区4个，分别为城北高科技产业园区和勤丰、新民住宅区，以及滨江湿地零碳公园，装机容量60.38兆瓦。境域家家安装太阳能，洗澡、洗衣等生活用热水基本由绿色能源太阳能提供。

党建引领

行走党课

基层党组织建设

2016年，三茅街道党工委在全体党员中开展“两学一做”（学党章党规、学系列讲话、做合格党员）学习教育，按照集中学习、谈心谈话、查找问题、批评与自我批评、召开大会、整改落实等步骤，接受党性洗礼。2017年，学习中共十九大报告，围绕“旗帜鲜明讲政治，身体力行做表率”“做强村富民带头人”“真心实意大走访，解决问题在一线”等专题，举办村（社区）“书记论坛”，促进基层党组织书记整体素质提升。

2018年，学习贯彻习近平新时代中国特色社会主义思想，举行庆祝改革开放40周年和“信仰的力量”系列主题教育。围绕党章、党规、党纪3个专题，组织党员集中教育培训150场、主题党日活动360场，形成“星光义工”等32个党建服务品牌。结合基层党组织换届选举，实施“领头雁”工程，按照基层选拔、组织下派和机关转任“三个一批”原则，调优配强31个村（社区）党组织书记。

2019年，庆祝新中国成立70周年，开展“不忘初心，牢记使命”主题教育和“四重四亮”（重读入党志愿、重温入党誓词、重议入党经历、重问入党初心，党员亮身份、服务亮承诺、工作亮标准、担当亮作为）教育活动。

2020年，加强农村党小组建设，建成343个农村党小组，形成“村党委+党支部+党小组+党员中心户”和“党小组长+村民组长+网格长”“三长共治”的服务群众网络，打通党建引领乡村治理“最后一米”；推进“红色业委会”建设，形成“社区居委会+业主委员会+物业服务企业”服务居民“三驾马车”。全年共解决路灯不亮、排水不畅、落水管脱落等群众反映问题1200余件次，调解邻里矛盾纠纷500余起。

2021年，组织开展党史学习教育，以“书记项目”为引领，推进强村富民行动和农村人居环境整治，打造乡村振兴“三茅样板”。实施营房村“云种植”、明华村智能大棚等6个省市级重点农业产业项目，建成指南村镇江恒顺醋业糯米专供基地和友好村宽心圩省级生态农业旅游基地，促进村级集

春柳花苑小区议事团团坐

体经济增收。明华、兴阳、永勤等村创成省级环境治理示范村，北部沿江特色旅游区建设基本成型。

次年6月，街道党工委书记童涛带领党政干部、各村（社区）党组织书记60余人，走进“样板”典型香江数字、锦程村、文景小区和长江花城，开展“对党忠诚”行走党课教育活动。在锦程村，现场感受水环境治理带来的村居环境变化，“党建引领、‘三长’共治、全员参与”的经验介绍受到青睐，“沉水涵养塘生态净化系统”的科学应用让大家耳目一新。退休居家、有着62年党龄的镇江市委原副书记沙荣盛说：对党忠诚，就是要全心全意为人民服务，永远听党话、跟党走，切实做到“三有”“三上”“三立”，即心中有党、心中有民、心中有责，理想至上、人民至上、公心至上，立党为信、立党为民、立党为公。沙老的“微党课”感染在场每一个人，大家深受教育。

民主法治示范村建设

2015年、2016年，三茅街道党工委落实市委《关于实施“双型”先进党支部建设工程，优化基层党建生态的意见》《关于全面实施“法治惠民村村行”工程的意见》，以“双型”（法治型、服务型）党支部建设为统领，全面实施“法治惠民村村行”工程，让法治成为基层治理的基本方式，打造民主法治示范村（社区）和人民满意的基层站所。2016年，兴阳村第二党支部创建成市级五星级“双型”支部。

2016年、2017年，开展重温宪法和入党、廉政、公务员誓词活动，组织342名干部“进村入户暖企”大走访，走访农户4315户、居民750户、企业1403家，梳理解决问题4859条；妇联于“六一”前夕，走访、慰问农村结对儿童20余人，发动社会爱心人士帮助解决其生活困难。友好、新扬等村（社区）在公共场所悬挂横幅、举行普法讲座、组织参观法治文化静思园，对干群进行普法教育。是年，受理并办结“12345”热线平台各类诉求2000余件，三茅街道获评2013—2016年镇江市社会治安综合治理先进集体。街道人事争议调解中心获评江苏省劳动争议优秀基层调解组织。

2018年，推进党建规范化体系建设，划分674个党建网格，聘用专兼职党员网格长150余人，形成融合共治党建格局，创成四星级以上农村党支部43个，丰裕、新扬等6村（社区）被选评为镇江市“法治护航乡村振兴”试点单位。大众、普济、新胜等12村（社区）成为镇江市应急管理先进村（社区）。

2019—2021年，完善街道为主导、村（社区）为主责的法治宣传教育工作机制，举办普法讲座6期，开展村干部轮训，提高农村基层干部法治意识。将城南公园改建为“见义勇为主题公园”；在友好村建立社区矫正分中心，集教育改造、社区服务、心理矫治、法治宣传等多种功能于一体。按照“一镇一品、一村一韵”要求，打造村（社区）法治文化长廊和法治文化园，干群在潜移默化中接受法治文化熏陶。

2021年，三茅街道有镇江市以上四星级党支部44个，创建率34%；有镇江市以上民主法治示范村（社区）11个，创建率33%。法治文化阵地建设、技防村建设、农村和谐社区创建、居民社区治安满意度均为100%。党建为统领，自治为基础、法治为根本、德治为先导的乡村治理体系基本形成，治理能力现代化水平提升。

网格化管理

2018年10月，三茅街道依托综合治理信息系统，运用现代信息技术，在全市率先建立网格化社会治理联动指挥中心，构建事件上报、指挥调度、分层督办、督查考核和信息采集于一体的社会治理综合平台。将街道地域划分为若干网格管理区，工作人员在中心内可通过网格地图和覆盖城乡的公共安全视频监控，实时巡查辖区网格。

2019年，划分31个一级网格、208个二级网格、674个三级网格和5个专属网格，明确网格管理员918人。一般事件由网格员当天办结并反馈结果，重大事件可通过视频监控、指挥调度解决。当年，会同公安机关“扫黑除恶”，滚动排查273家重点单位场所，处置相关线索169条；排查各类矛盾纠纷175件，调处率100%。

2020年和2021年，发挥网格优势，持续开展新冠疫情群防群控，12周岁以上人群疫苗首针接种率90.22%；完成营房村、扬子新村核酸检测压力测试5000余人。发现各类安全隐患3500多条，整改率100%。查处违章建筑157处，拆除面积5500平方米。检查疑似风险桥梁358座，拆除2座，维修加固18座。实施熔喷布行业规范整治，关闭非法生产企业20余家。2021年，33个建制村（社区）全部通过镇江市应急标准化创建工作验收。

“八位一体”运行维护机制

2013年，扬中市被确定为江苏省农村公共服务运行维护机制建设示范试点单位，探索建立集农村垃圾收运、河道保洁、绿化管护、道路管养、生活污水处理设施运行、村容村貌“三乱”整治、村级综合服务中心维护、文体活动设施管护“八位一体”运行维护机制。三茅街道从人员调配、经费保障和监督机制等方面逐一落实，建立年度考核制度，促进农村人居环境综合整治全面推进。

2016年，三茅街道的创新做法在全市推广。其主要特色是：街道、村（社区）和村（居）民之间职责明确，形成工作合力；专兼职结合，为低收入家庭提供公益性就业岗位，既有利于公共设施管护，又具有扶贫帮困效果；管护状况与责任人收入挂钩，有利于增强管护人员工作责任心。

2019年12月，农业农村部农村社会事业促进司、国家发展改革委社会发展司、中国经济信息社在北京联合发布首批18个全国农村公共服务典型案例，扬中以“创新农村公共服务‘八位一体’运行维护机制”入选，并到会进行专题介绍。专家认为，这套机制有益于乡村环境常态化治理和长效化管控，值得进一步总结推广。

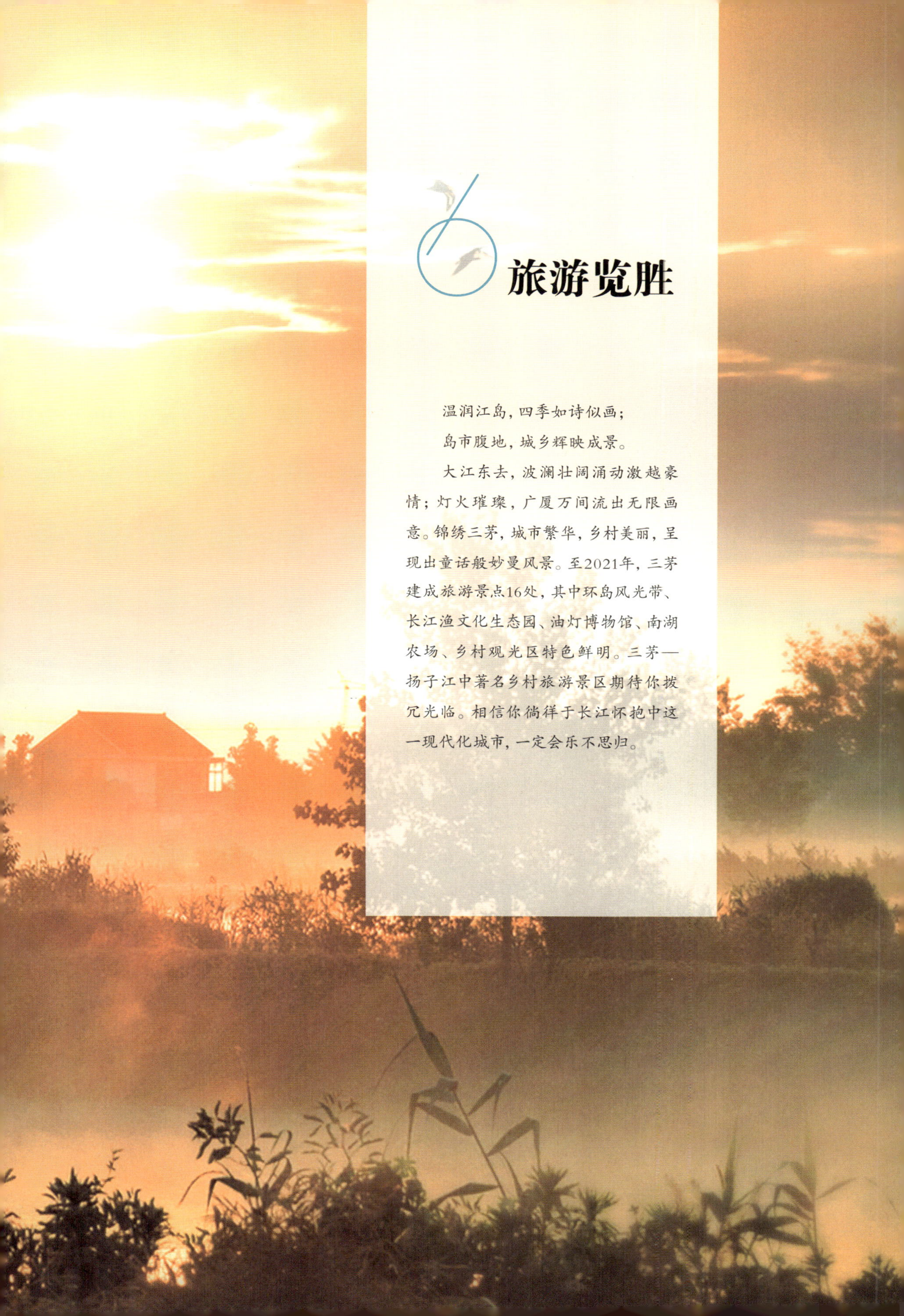

旅游览胜

温润江岛，四季如诗似画；

岛市腹地，城乡辉映成景。

大江东去，波澜壮阔涌动激越豪情；灯火璀璨，广厦万间流出无限画意。锦绣三茅，城市繁华，乡村美丽，呈现出童话般妙曼风景。至2021年，三茅建成旅游景点16处，其中环岛风光带、长江渔文化生态园、油灯博物馆、南湖农场、乡村观光区特色鲜明。三茅——扬子江中著名乡村旅游景区期待你拨冗光临。相信你徜徉于长江怀抱中这一现代化城市，一定会乐不思归。

生态景区

环岛风光带

三茅是大江风貌和山水相望的诗篇。这里有过长江与大海的交会共鸣，这里有过名人笔端的江海风月，这里有过“黄河夺淮，三江合流”的壮阔波澜。一岛横陈，大江三分。山水相依，水天相接。落霞与孤鹜齐飞，秋水共长天一色。

堤顶公路外侧如古城似的挡浪墙俯瞰江流。堤外，意杨、杞柳、芦苇等防护林与滔滔江水相依相随。堤内，桃、梨、枇杷、葡萄、柑橘、银杏等果树次第展叶、放花、献果。春夏时分鸟语花香，秋冬季节黄绿相间。沿线花木、蔬菜、畜禽、水产等10多个无公害种植养殖基地如珠似玉镶嵌于“黑丝带”（堤顶公路）两边，别成一景。游客远眺天边，水天一色，帆影若荠；近看江中，巨轮破浪，轻舟飞渡。内望生态长廊和村舍田园，宛如世外桃源；外观泰州大桥如长虹卧波，车流如织，恰似流动画卷。

滨江湿地风景区

位于扬中市滨江新城，面临夹江，总面积68公顷。2010年12月开工建设，2012年12月竣工，总投资3亿元。工程获2015年“园冶杯”国际竞赛（精品园林）工程类大奖。

景区以湿地保护区为主，利用原有地形地貌和植物景观，因地制宜，因物造景，融入扬中特色文化元素，建成集生态保护、科普展示、观光休闲为一体的长江湿地游憩景区。主要景观有迎江阁、望江台、游船码头、栈道、浮桥、景观廊桥、水生动物雕塑和植被群落等。

阅江楼与望江阁 阅江楼高50米，建筑面积4420平方米，形似阿拉伯数字“7”，登阁顶湿地风光一览无余。望江阁为圆形三层建筑，建筑面积450平方米，内设科普展示馆，通过互动多媒体投影，寓教于乐，普及湿地知识。游船码头由原砂石码头改建，提供游船休闲娱乐服务。

栈道浮桥 景区江堤长2500米，沥青路面。钢质栈道总长1300米，5段组成；木

江流豚塔

湿地公园春意浓

明珠湾夏日

鸟瞰城北公园一隅

鲤鱼跃龙门

质廊桥长1200米，连接长短不等浮桥，组成景观走廊，进入湿地腹地，让游客近距离感受湿地风貌。

植被群落　保持原貌，科学提升，因地因景制宜，补种水生植物和耐水常绿树木，配植沉水、浮水、挺水植被群落，实现从水生植物到人工林地自然过渡，形成湿地、芦荡、林带等景观层次。优选乡土品种乌桕、枫杨、杞柳等植物种类，自然植物群落与人工植被和谐共生。

明珠湾风光带

位于新老城区结合部何家大港南段两侧，北起明珠广场，南至外环南路，全长2.35公里，河面宽30米，是城市“绿色中轴”，融水、路、绿、闸、桥、驳岸于一体，集风光观赏、快速交通和城市防洪排涝等功能于一体。

河上有景观桥梁9座，“竹桥新月上，水岸凉风至”。桥上人来车往，桥下碧水潺潺。春去夏来，绿叶覆波，芙蓉争艳。夜晚，新月倒映，河面如镜，微风乍起，波光粼粼。

河东明珠大道宽30米，诸多商家集于东侧。路西邻水，岸边垂柳参差披拂，芳草如茵，迎春花覆盖驳岸。河西为步行街，宽40—50米，店铺林立，临水绿化带宽50米，面积4万平方米，有景点6处。乔木、灌木相间，木本和草本花卉交错，春夏秋繁花似锦，冬季树木葱茏。绿化带中建有小型广场9座。

长江渔文化生态园

位于兴阳村朝阳湖，投资3亿元建成，占地133.35公顷。有智能温室大棚、生态养殖区、生态餐厅、采摘区、长江渔文化展馆和养身健体中心、渔文化雕塑广场6大功能区。渔文化生态园融长江名贵鱼类繁育、养殖、销售，科普展示、长江渔文化研究和农业观光体验、旅游休闲、餐饮酒店于一体，是渔文化名园。园区主要景点有金鱼跃江、河海渔家、儒衣农桑、秋畴归田、方塘静钓、山花野味、风日和酽、百草回芽、鸣鸠乳燕、古意村落、艳粉夭桃、黍稷既馨、花攒锦聚。

渔文化雕塑　由南而北矗立大大小小雕塑50多座。

园区南广场巨型雕塑“百鱼入舟”，各色鱼类踏浪跃然于山水之上，气势磅礴。“鳌鱼负山”雕塑，于入园大道中央矗立，祥云点缀，展现鳌鱼“背负天地”之能。连绵群鱼雕塑“连年有余”，绵延分布于道路两旁。中央广场大型雕塑“金鳞飞跃”于巨“鼎”之上，以金色渲染，展示奋发向上精神气势。

“鲲鱼秀海”，鲤跃江面雕塑巍然耸立于道路中央，鱼长45米、尾高9米，号称“华夏第一鲤”。观之，“北冥有鱼，其名为鲲，鲲之大，不知其几千里也”的感受油然而生。路旁“鱼戏莲叶”雕塑通过莲叶和鱼儿细节描绘，使游客如临采莲之境。

园区北门主体雕塑鲤鱼，“眼似真珠鳞似金，时时动浪出还沉。河口得上龙门去，不叹江湖岁月深”。鱼长36米、高7米，周边波涛汹涌，众鱼围拱，浪花飞溅，鱼跃龙门之势栩栩如生。

生态餐厅　建筑面积5000余平方米，模拟天空的巨大透明天棚覆盖其上。自然树木、藤萝、花草和雕塑树木藤萝、塑料花草错陈于大厅周边和厅内道路两侧。鹅卵石、砂石、黄土、块石道路相间，假山瀑布喷涌，池沼小溪流水潺潺。道旁绿地白鹭（雕塑）飞翔、梅鹿（雕塑）吻草，水中锦鳞戏客，景物自然和谐。其间，有渔文化艺术展示厅、民俗文化展示厅、多功能会议厅、宴会大厅和农家木质别墅。渔文化艺术展示厅、民俗文化展示厅分别实物展示渔文化和民俗文化。多功能会议厅可接待300人会议，宴会大

鹭舞湿地（三茅街道北滩外岛）

江之源渔文化广场

厅可供500人同时用餐，农家别墅内设各式包厢3—5个，房屋、桌椅、桥梁等均以原木为料。

渔乐园区　占地85公顷，位于生态餐厅北面江边，引进江水养殖。园内有垂钓长廊、江鲜养殖区、水上娱乐区、生态阔叶林区、水上茶座等。游人置身其间，顿生融入水乡、回归自然之感。

环太渔乐园

位于三茅街道营房村北江边，占地46公顷，2000年建成开放。园内有特种水产种苗繁育温室3.6亩、特种水产养殖池6.8公顷，高效生态养殖池6.8公顷，普通养殖池17.5公顷。果木与花卉苗木种植面积5.5公顷，垂钓中心水面积26.67公顷。休闲渔业垂钓长廊

南湖精神代代传

160米，垂钓休闲木屋11幢。形成集水产养殖、种苗繁育、休闲观光为一体的现代渔业示范基地，成为全国农业旅游示范点，国家AA级农业生态旅游景点。

2018年，建成10兆瓦“渔光一体”示范项目，太阳能光伏板间隔凌空架于水面之上，实现“渔、电、环保”三丰收，构成新能源产业和高效渔业有机结合的典范，形成亮丽的旅游风景线。2020年，获国家分布式能源优秀项目特别奖。

南湖农场

位于普济村，占地500余亩，建成于2013年。农场以自然河道为界，分南北两大片区，集红色教育和旅游、观光、餐饮、休闲、采摘、养殖、种植研学于一体，是江苏省四星级乡村旅游景点，年均接待游客3万余人。

南片区由初心园、美食区、红色文化展示区、生态园组成。

进大门，大道两侧彩旗飘扬，迎面花坛南刻“为人民服务”，旗杆高耸，红旗飘扬。大道东侧有红色江洲、峥嵘岁月、紫石英号故事长廊等红色文化教育场地和生态葡萄种植园。西侧“初心园”。越过花坛向北，是长60米、宽25米的功勋广场，蓝色顶棚覆盖，两侧格栅。西侧展陈巨幅党旗和上海一大会址、南湖红船、遵义会议、陕北会师、中共七大、中华人民共和国开国大典等大幅照片和文字介绍。东侧陈列毛泽东、邓小平、江泽民、胡锦涛、习近平巨幅画像和经典语录。

大道两侧明清风格建筑群掩映在绿树繁花之中。向西穿过飞檐翘角圆梦亭进入初心园。初心园进口连廊，南侧展陈以红色警句为内容的书画作品，北侧是反映“紫石英号事件”的图片展牌。连廊尽头，红色记忆馆展出300余件革命历史文物。园北，湖水清澈，锦鳞游泳，岸芷汀兰。湖面廊桥迂回曲折，与湖心亭相接。湖东岸宣誓台边气势恢宏。宣誓台西边初心亭柱上悬挂“航起红船猎猎党旗昭正义，肩担使命铮铮誓愿守初心”楹联。

初心园南有多功能会议厅（餐厅），可容纳300人会议（用餐）。东、北两排各有餐饮包10个，凌空建于水上，木质廊道相通。餐饮以吴氏传统秘制菜系和江鲜美食以飨食客。

“千岁桥”为仿古拱桥，连接南北。农场每年邀请全市10位以上百岁老人和家人欢度重阳节，请老人在桥上合影留念，千岁桥因此得名。桥下河面宽35米，流水淙淙，波清鱼戏，芙蓉逐浪。

北区由江岛龙园、清芷园和生态种植园组成。

江岛龙园，占地1.4公顷。80米长青龙展体，昂首啸天，吐珠溅玉。夜晚，巨龙外形灯饰璀璨，龙目放光，数公里外可见。园中中小学生研学实践教育基地，既是学习课堂，又是游乐天堂。室内场所有石磨坊、染布坊、蜜蜂馆、中医馆、拓展训练营、趣味小课堂等。室外设充气蹦床、小火车、孔雀园、萌宠乐园等。

清芷园面积1000平方米。园内花木繁茂，紫竹吐翠，假山池沼相映，是扬中仿古民宿典范，人称“扬中的北京四合院”。

生态种植园栽培火龙果、奶油草莓、黑夏葡萄、冠玉枇杷、黑珍珠樱桃等10余种水果，既可观赏又可采摘。林间空地散养土鸡、番鸭、雁鹅。池塘河道放养鱼虾，道边、隙地种植蔬菜。

乡村观光区

进入21世纪，三茅街道建成一村一景区、一区一特色的全域乡村旅游区。

营房村　建设清代村史陈列馆与知青陈列馆，记述清代棚兵营房港沙洲开发史实，讲述32名知青下放至营房劳动锻炼的故事和建设新农村的事迹；建成长寿健康文化园、芡实采摘园、亲子游乐园、一份地菜园，以原生态农业项目让游客身临其境，体验农事操作，感受农事文化。

友好村　建设初心号列车基地，建成“四千四万精神”实物陈列馆；宽心圩汇集江苏省传统村落保护、红色传统教育基地建设、名木鉴赏与景观树木种植4大特色，爱国主义教育和传统文化展示融入其中。

兴阳村永乐圩　“举目满眼靓，移步皆是景”。有渔文化园、农耕园、农家小院、百草园等景点。鱼虾蟹嬉戏，鸡鸭鹅成群；稻麦菜薯繁茂，鸟歌蝉鸣境幽。

其他观光区　明华村建设百亩桃园、设施农业大棚、苗木种植基地。普济村建设南湖红色文化教育基地（详见本篇“南湖农场”）。

扬中博物馆

坐落于市区南江路799号，2020年建成，占地1600平方米。徽派建筑物兼苏南园林风格，面积4900平方米。馆藏文物500余件（套），分为三层5部分布展。

序厅　中间是镇馆之宝——建于清同治年间的雕花门楼，46个形态各异“寿”字和2个“福”字篆刻在门楼上。门楼后面是扬中4岛浮雕地图。序厅两侧竖立8块出土石碑，记载清乾隆至民国年间扬中重大事件。

聚沙成陆　复原扬中成洲之初水岸和众多物件，再现“沧海桑田”、先民治水垦荒建设家园和扬中建制变迁历程。

岁时民俗　由二楼3个展厅构成。雕塑再现劳动生产、建屋、祝寿、成婚等四时节令和人生礼俗场景，展出传统农具。结合视频播放，展示扬中历史上民风民俗传承与变迁。

舌尖美味　实景雕塑介绍丰富的河豚资源和河豚美食。毛泽东书法“竹外桃花三两枝，春江水暖鸭先知。蒌蒿满地芦芽短，正是河豚欲上时”（宋·苏轼《惠崇春江晚景》）复印匾额悬挂于展厅中央。欧阳修、范成大、辛弃疾等咏河豚诗篇被书法家写成条幅悬挂四壁。图片和多媒体展示扬中特色美食。中国烹饪协会授予的“中国江鲜菜之乡”匾牌、河豚食俗入选江苏省第四批非物质文化遗产代表性项目名录证书，在厅内展出。

乡音未改　雕塑复原太平书院授课场景，展出匾额3块，分别为清代江苏巡抚李鸿章所书“太平书院”，两江总督曾国藩所书“学海观澜”和镇江郡守李仲良所书“六邑观摩”。通过多媒体设备介绍扬中方言。实景再现民间曲艺麒麟唱、劳动号子、九狮图、花船、花担、大头娃娃等乡土文化。

扬中之子　由三楼“扬中之子”和“上善若水”2个展厅组成。

岛城走出4位院士（其中三茅2位）、10名将军（三茅3人）、一批有建树的专家和党政领导；老一辈无产阶级革命家陈毅、粟裕、谭震林等在扬中留下战斗足迹。展厅图文并茂，音视频共用，介绍扬中之子光辉事迹。

展厅展出清光绪十八年（1892）四月宝晋洲为保护江堤所立石碑拓片，解放后江堤大会战和修大堤、筑大道、造大桥的巨幅照片和实景雕塑，表现扬中跻身全国综合实力百强县（市）的“上善若水”精神。

油灯博物馆

位于拥军路23号，是全国第一家展示中国古代油灯的专业博物馆。1998年5月开馆，展区面积200平方米。创办者为全国知名画家、美术史论家陈履生。古物、油灯是其悉心收藏系列物品之一。时任人民日报社社长邵华泽为该馆题词。馆藏品包括自原始社会以来各时期油灯，有各民族地区以及造型特殊的民间灯具，有出土文物，也有传世珍品。材质有陶质、瓷质、青铜、石质、锡质、锡包瓷、木质、铁质、银嵌铜质，共2500余件，其中国家级文物北朝陶质双层九盏莲瓣底座油灯1件，藏族、纳西族油灯数盏。

国防园

位于锦程村板沙片区，占地43亩，建筑面积2.87公顷，1993年1月建成开放。是江苏省第一个县级国防园，时任国防部部长迟浩田题写园名“扬中国防园”，张爱萍将军题词“居安思危”。

全园由国防教育展览馆、民兵训练靶场、游乐场组成。国防教育展览馆内实物有退役“歼-5”飞机、T36型水陆两用坦克、122榴弹炮、85加农炮、37双管高炮、37单管高炮、130自动火箭炮、水雷和自制的红旗Ⅱ号仿真导弹各1件。民兵训练靶场内设有封闭式射击台，为游人提供步枪、手枪打靶，集娱乐与训练于一体。园内建有戈园、雷亭、望江亭、三鲜亭、荐轩亭、射击亭、九曲桥、靶台、烽火台、摘星洞、莲池等景点，设置供小朋友乘坐游玩的小火车、汽车和动物造型游船等。园内东北侧六角望江亭，高18.8米，造型古色古香。

国土公园

位于扬子河东首长江岸边，占地22.33公顷，1998年1月建成开放。公园正门牌楼古朴雄浑。上方“国土公园”由书法家武中奇书写。边柱“国土唯珍不论东南西北，公园胜境无分春夏秋冬”楹联（扬中学者李名方撰），由书法家陈大羽所书。迎门“盘古开天辟地”石雕，昭示“天人合一”理念。园内建有碑亭、碑林，形成百米长廊。碑林中刻有国家领导人邹家华等人题词石刻“惜源”“保护耕地”。

园中有两池，大池形似中国地图，命名为“神州池”；小池形似扬中地图，命名为“江洲池”。景点围绕神州池展开，亭、台、楼、阁、水榭、花草、树木布局和谐；农具馆、观音禅寺、生态垂钓园、四季果蔬园、神州观鱼廊、音乐喷泉、露天舞池和游泳池、网球场等景点各具特色。游船可徜徉于十亩荷花塘和百亩芦苇荡中。5层揽江楼倚江而建，高21米，为公园景观之最。名联“万里长江呼日出，千年绿岛应潮生”（江洲耆宿张家春撰）镌刻描金于庭柱之上。登亭北眺饱览浩瀚江景，南望东城区秀色尽收眼底。园内有3层楼宾馆1座，建筑面积3600平方米；3层楼健身休闲中心1个，建筑面积3400平方米。东北临江建有总统套房别墅2幢，建筑面积1000平方米。2001年，被国家旅游局评为AA级旅游景点。2021年，改造为江畔湿地自然风景区。

城西公园

位于市行政中心南侧，又名“双拥公园”，2009年10月建成开放，占地6.33公顷，分为东片区、南片区和北片区。景点依原始河道、建筑物、道路分布，自然和谐。

东片区　利用河道开挖土方，顺势造景。地形高低起伏，鹅卵石道路曲折雅致，两侧每隔一段有一拥军宣传牌。过碧水桥向东南，是以防腐木铺就的亲水栈道。栈道上有1凉亭，亭横额上镶嵌国防知识宣传牌8块。

南片区　以河道为界自碧水桥向西南为南片区。区内花木以香樟为主，兼植桂树、椿树、玉兰和樱花等。林木参天，绿荫蔽日，清晨黄昏随处可见锻炼和休闲人群。西南角荷花池内碧波荡漾，锦鳞戏水。一座栈桥横贯荷池，周边芦苇摇曳，春夏秋冬景色各异。

北片区　大荷池水面波光粼粼，亭台水榭风格各异。有植物200余种，营造出季相分明、层次感强、群落稳定的绿化景观。公园“宣传国防理念，弘扬双拥文化”，依势造景，用石刻、小品、文化牌展示双拥文化。双拥故事长廊“我送亲人过大江”巨幅照片中，“扬中小姑娘”奋力摇橹、飞舟向前形象，成为扬中人民支前的历史见证。将军谱介绍马伟明、殷方龙、王经中等10位扬中籍将军成长简历。

城北公园

位于广宁社区，占地0.33公顷，2002年5月建成开放。公园以城市山林为主题，着眼于“绿色”，改造原有广场、河塘，体现水乡特色。入口广场中央设8块独立巨石假山，人称“云石峰”，四周分布8个花坛。园内有2

座人造土山和中央草坪。绿树翠竹等遍植，乔木、灌木、花草浑然一体，幽径隐现；径道灯、草坪灯各具特色；亲水平台与河塘相依成趣。

公园分健身广场、中西湖、舞场和密林休闲区4个区域。健身广场面积6360平方米，由篮球场、网球场、健身器材休闲区和儿童游乐区组成。中西湖水面9200平方米，湖上有休闲凉亭2处，亲水平台9处，拱桥1座；四周植芦苇、垂柳、垂丝海棠。湖畔有游艇10余艘。露天舞场2700平方米，周边有景观灯和文化廊架。健身环道988米，周围为休闲密林区，“春可观花，夏可遮阳，秋可赏叶，冬可玩雪”。

城南公园

位于企东村，2015年建成开园，占地55亩。公园以“水蕴花溪，绿染芳洲”为主题，构建“曲水花溪”湿地景观。园内树傲花娇、径曲水绕。季相变化，美景流动，四季如歌。春有争奇斗艳玉兰、樱花、垂丝海棠、梅花等，夏有烁烁其华石榴、紫薇，秋有灿若烟霞无患子、鸡爪槭、枫叶等，冬有雪压枝头、剔透空灵梅花。各类树木和谐入画，景观自然雅致。

园内植常绿乔木、落叶乔木和灌木9600株；地被植物2.23万平方米，观赏花卉1.1万平方米，湿生植物1400平方米；摆放荷花、睡莲300盆。设名人家风家训灯箱十多处。驳岸边坡部分种植水生植物，部分地段点缀异型景石。

近水岸设观水平台，水系岸线铺设防腐木步道。水中及岸边栽植黄菖蒲、荷花等十余种水生植物。保留原有水系野茭白、野菱角。道路转角有灌木花境、观赏草花境、地被花境及混合花境。疏林下撒播二月兰、波斯菊等自衍花卉，从春到秋彼伏此起，与乔木灌木互映成趣。

园博园

位于园博大道与扬中大道交叉口（原三茅镇长江村），2011年8月始建，2013年竣工，投资14亿元，占地100公顷，建筑面积2.8万余平方米，获全国优秀园林工程优质奖。主要建筑有主副展馆、滨水休闲馆、游艇码头、中国河豚岛观光塔等及1个省级市、12个地级市、3个县级市展园和3个企业展园。

主、副展馆　临主入口广场，为园区核心建筑，列于大门中轴线两侧。两组大小不同立面“河豚”形建筑跃于湖面之上，弧形流线，似银鱼出水。展馆内空间通透，内外空间水乳交融。

主、副展馆东西分别临中央景观湖，采用新技术整合拼接建筑新材料，使两只巨型“河豚”栩栩如生。两馆建筑面积分别为7629平方米和6661平方米，高度均为30.6米，共分3层，中庭净高28米。具有园艺展览、会议接待、珍稀动物收藏、自然环境模拟、休闲休憩及诸多后续休闲利用功能。

园博园鸟瞰

滨水休闲馆　位于景观湖北侧，流线形穹顶，半球形外观。建筑面积8751平方米，高23.5米，分3层。一楼是餐饮大厅和观赏鱼展区，二楼设包厢和会议室。三楼为花鸟园餐厅，顶挂凤仙、海棠、薄荷、花叶蔓等花卉盆景。

游艇码头　位于园区西北角，建筑面积1134平方米，是园区水上游览、运动和休闲码头。有游客服务中心和游船泊位各4个、游艇泊位20个。

湿地馆　建筑面积2268平方米，内设湿地发育、生态和科普3馆。

智能水景　包括平湖喷泉和智能水景，主场馆及水景项目获“中国环境艺术金奖”。平湖喷泉由66米高喷、旱泵跑泉、三维喷泉、88米跑泉组成，49个三维喷头演绎出别具特色水景。数控音乐喷泉，直径50米，由456套三维数控主喷头、副喷头、气爆、喷火设备组成，可以喷出水、雾、火，随着音乐起舞，三维数控实现水景360度旋转，最高可喷至88米。结合触摸式投影可形成水幕电影或播放视屏。潜水艇式喷泉置于自动浮沉平台上，表演时浮出水面，停息时潜入水底。

滨江广场　似起锚巨船，占地2000平方米，采用彩色混凝土构图，绿化以弧线草坪收边，各色郁金香营造出绚烂景观。扬帆雕塑位于广场中央，由3面红色“帆”组成，分别高22米、18米、16米，不同观赏角度呈现三维旋转效果，展现“江伴园，园融水，水韵绿”情境。

河豚观光塔　位于夹江中西沙岛上，是国内最大的异形钢结构城市雕塑。河豚雕塑长90米，宽44米，高62米，重2100吨，8900块黄铜披身，金光灿灿，两只圆滚滚眼睛望向北方，摇头摆尾，跃然出水貌。河豚腹部有“中国河豚岛·扬中”字样。塔内观景平台面积1300平方米。夜晚，灯光开启，“河豚”色彩变换，绚丽多姿。

地方展园　南京园追寻“金陵漾墨，沙洲添彩”的秦淮古风，无锡园展示“现代园艺与健康生活”式样，徐州园展显“潺水叠绿，两汉文化之源”履痕，常州园见“三吴重镇，八邑名都”风范，苏州园显“人间天堂，吴韵渔歌”韵味。南通园为“生态、绿色、恬静、休闲”，连云港园为“传奇连云港，梦幻滨海城”，淮安园为“曼舞彩蝶，花漾田园”，盐城园为“漫天芳草，湿地之美”，扬州园为“花语景墙，多彩芳庭”，镇江园为“城市山林，渚堤颂歌”，泰州园为“浪与舟的歌谣”悠扬，宿迁园为“楚风蓝韵，水漾花田”，扬中园为“诗画江南，明珠风范”。其他县级市、区和单位展馆亦各具风采。

佛教寺庙

太平禅寺　位于三茅街道和兴隆街道交界处，前身为下东岳庙，始建于清康熙年间，1995年重建，更名太平禅寺。占地10.66公顷，建筑面积5500平方米。寺内有大雄宝殿、天王殿、地藏殿、念佛堂、禅房等建筑12座。大雄宝殿坐北朝南，雄踞寺院中央，建筑面积3285平方米，琉璃覆顶，飞檐翘角，画栋雕梁，明清江南园林建筑风格。门额“大雄宝殿”为中国佛教协会已故会长赵朴初题写。佛教文化广场位于太平禅寺南侧，占地50亩，集休闲观光、佛教文化、健身娱乐于一体。广场两侧功能性建筑有展示厅、展示廊、素菜馆、茶楼、旅游纪念品商店、小吃馆等。景观性建筑有明月轩、太平宝鼎、双龙戏珠雕塑照壁等。

观音禅院　坐落于锦程村，背依长江，占地1公顷，建筑面积1160平方米。四周仿古围堰，始建于90年代。禅院有观音殿、法堂、斋堂、钟鼓楼、放生池、禅房、廊轩、素斋馆等建筑组成。

观音殿供奉千手观世音塑像，是亚洲最大的生漆夹纻脱胎菩萨塑像。观音坐于莲花宝座之上，头戴宝冠，冠有化佛。面有3眼，臂有千手，手掌各有1眼。正大手有18臂各有所执，其余982手，皆执各种器杖。千手以扇面形状分几层排列，犹如孔雀开屏，出神入化。观音殿左右分别供奉普贤、文殊、药师、地藏等菩萨塑像。大殿廊檐东侧悬挂铜钟1座。西南法堂供奉阿弥陀佛、大势至菩萨塑像。

旅游活动

江鲜美食节

2004—2021年，扬中市烹饪协会每年在三茅街道举办以推介河豚菜肴为主的“中国扬中江鲜美食文化节”（简称江鲜美食节）。每年美食节都有数十家媒体记者前来采访报道。2004年首届美食节，新华社新闻稿《长江水产迎来第二春》，被国内外60余家媒体转载。

2005年3月美食节，聚集客商近5万人，其中扬中相关企业所邀客商1015人，签约项目58个，吸引投资16.3亿元。中央、省、市20多家新闻媒体现场报道。央视一套播出专题报道《江鲜产业成为扬中致富新宠》。2006

2011年，驻华使节和夫人参加民俗活动包饺子

年美食节，中国烹饪协会授予扬中“中国江鲜菜之乡”称号。新华网率先推出《江苏扬中成为全国首家江鲜菜之乡》报道。

历届美食节均举办江鲜菜汇展，数十道新创菜肴供与会者品尝。每临美食节，总有数十支外地团队包车前来品尝江鲜美食和游览绿岛风光。乡村旅游度假区提前进入旺季，原生态自然景观成为旅游观光者新宠，数万游客走进乡村，领略田园风光。地产苦瓜茶、金银花茶、咸秧草、马兰等无公害农产品作为指定礼品，受到来宾和媒体垂青。

美食节期间，外地客商应邀到扬中旅游观光、签约，引进工业项目。外地厂商利用三茅优越的区位优势和众多的江鲜美食资源，召开产品销售订货会，年均引进投资20亿元左右，签约100多个。扬中旅游局与长三角地区旅行社签订旅游资源共享协议，其中上海两家旅行社开辟直达三茅专线。北京、广州等地相关旅行社亦钟情于三茅旅游资源。游客蜂拥而至，宾馆和饭店天天爆满，年均接待游客近5万人。2021年美食节商业零售额、水产品交易量同比分别增长25%、30%。

观光活动

进入21世纪，街道配合市文旅局组织中外游客畅游三茅活动。发掘传统民俗文化元

点睛之笔——2019年3月8日，第十六届中国·扬中河豚文化节开幕

素，利用传统节日，把游客带进传统习俗情境，领略地域风情。2011年3月19日，街道旅游办组织来自美国、英国、意大利等多个国家20多位外籍朋友来三茅，感受文旅大镇魅力和风采。上午10点半，一年一度的珍贵鱼种春季长江放流如约在江边举行。在外国朋友和当地志愿者们的参与下，东方暗纹豚等100万尾鱼苗放向母亲河怀抱。“我放流了好几大桶鱼苗，可能有几百条吧。”美国青年姆利克说，“活动很有趣味，也很有意义。”来自欧洲的布亨利说，放流鱼苗“感觉十分愉快”。

2011年3月20日，组织28国驻华使节、参赞与夫人游览大江风貌；参观河豚养殖场，观看酒店河豚宰杀、烹饪，品尝江鲜美食。江鲜美食节期间，三茅街道广邀中外宾客举行畅游活动，通过他们向世界宣传扬中，推介三茅。

旅游饭店

域内有按五星级标准建设的酒店1家、四星级旅游饭店1家、江苏省生态饭店1家、三星级酒店12家、各类特色饭店30余家，其他各色饮食店铺70余家，能同时接待8000位宾客（详见第四篇《商贸名镇》）

附录：览胜线路

城市文化线 境域西入口—扬中博物馆—奥体中心—美人鱼广场—油灯博物馆—国防园—国土公园—观音禅院—太平禅寺—商务酒店。

城市商贸线 境域西入口—吾悦广场—百年老街—农副产品批发市场—利民市场—城中商圈（扬中商城、中央商场、通达商厦、扬子商业广场、世纪金源广场）—博联农商城—商务酒店。

大江风貌线 泰州大桥—境域东入口—渔文化生态园—环太渔乐园—大江岸线—滨江湿地—城南公园—商务酒店。

美食线 境域西入口—菲尔斯金陵大酒店—长江大酒店—汇丰河豚馆—白玉兰酒店—美食一条街—君泰大酒店—君豪海鲜城—渔文化生态园酒店。

水乡田园线 境域南入口—园博园—城西公园—城北公园—如画明华—友好田园—“醉美”营房—兴阳农事—乡间自行车骑行。

综合线 大江风貌—湿地风光—珍稀鱼类养殖场馆—设施种植基地—智能电气、新能源器件生产厂家—乡村民居—生态田园—精品休闲街—文博场馆—公园广场—商务会议酒店。

7 江鲜美食

扬子江鱼泛银光，玉盘千里紫丝妆；
美味佳肴舌尖乐，江鲜之乡源流长。

如果要为三茅找寻一个文化符号，“江鲜美食”当之无愧。三茅江域盛产河豚、刀鱼、鲥鱼等特色江鲜200余种。一代代三茅人与鱼的因缘绵延了千百年，江鲜文化融入三茅人血脉，历经数百年组合、创新，形成古今结合、南北融汇、兼收并蓄的江鲜美食文化。特色江鲜美食精品引无数饕客竞折腰。三茅，扬中江鲜集散中心，扬中名店名厨聚集地，在全市美食文化中处于不可替代地位。

长江『三鲜』

正是河豚欲上时

河豚

河豚

春季，河豚、刀鱼和鲥鱼等洄游鱼类从长江入海口随潮汛溯流而上，在扬中江段向上河流、湖泊产卵繁衍。经250余公里洄游，淡水中小鱼、小虾、贝类等细小水生物丰富了“三鲜”食物，个个膘肥体壮。再向上游，“三鲜”临产，不再进食，肉寡味淡。三茅江域是天然优良渔场、最佳三鲜产地。明清时期，“三鲜”等名贵鱼类“飞递时鲜，以供上御”。乡人道：“桃花流水春笋出，江洲三月啖江鲜。”2021年起，实施长江10年禁渔制度，上市江鲜均为引用江水养殖。

河豚被誉为“三鲜”中头鲜，体形椭圆，有气囊，遇险时会吸气膨胀，一般体长20—35厘米。“蒌蒿短短荻芽肥，正是河豚欲上时。甘美远胜西子乳，吴王当日未曾知。”清明节前后，人们捕而烹食，“一家烧河豚，味香半个圩”。

河豚卵、肝、血液、眼睛有剧毒，中毒症状“血麻、籽胀、眼发花”。民间有“拼死吃河豚”俗语。三茅河豚饮食文化底蕴深厚，祛毒干净彻底，烹饪技巧独特，食用者安全无忧。20世纪70年代前，长江河豚资源丰富，域内年捕捞量1.2吨。清明前后，人们随时可以品尝这长江“头鲜”。随着长江水质污染和过度捕捞，野生河豚资源稀少。20世纪90年代初，捕捞量仅200公斤左右。1993年，三茅大圣集团与江苏省淡水水产研究所、扬中市多种经营局等单位合作，建立养殖基地，进行人工繁殖试验，获得成功，年产河豚苗6万尾。1998年，域内水产养殖企业建成面积3600亩河豚、刀鱼、鲥鱼种苗繁殖基地，育出豚苗13.5万尾。2010年起，因繁育成本提高，养殖企业一度以从苏北、辽宁、福建等地引进种苗为主。

进入21世纪，河豚需求量不断增加，本地养殖已远不能满足需求。每年从苏北和辽宁等地购进半大河豚和成豚，放养于沿江养殖场，经数月或经年饲养，使之形体味类同长江河豚。2021年，三茅地区河豚市场交易量4021吨（含外地进入）。

刀鱼

刀鱼全身银白色，身侧扁，从头向尾成尖刀形。扬中江域刀鱼一般体长18—25厘米、体重30—80克。宋代刘宰诗赞“肩耸乍惊雷，腮红新出水。芼以姜桂椒，未熟香浮鼻。河鲀愧有毒，江鲈惭寡味”。

刀鱼每年2—3月由海入江，进入河流湖泊孵化繁衍。20世纪五六十年代，长江刀鱼成群集阵。1952年，捕捞18.8吨，1962年9.7吨，1972年4.85吨。80年代起，江水污染日趋严重，加之捕捞过度，产量剧减。1985年，产量2.32吨。1998年后，每条船日捕捞量只能以条计算。2018年，捕捞量30余公斤。市场地产刀鱼价格2000—6000元/公斤，导致大量“湖刀”应时入境，价格200—400元/公斤，其味远逊于地产刀鱼。2021年，长江禁捕，再无长江刀鱼面市。20世纪90年代末期，扬中水产养殖场与相关科研院所合作，以长江刀鱼为母体开展人工繁殖成功。进入21世纪，三茅相关养殖场开始刀鱼种苗批量化孵化和产业化养殖初见成果。2021年，有2万公斤长江水养殖刀鱼面市。

鲥鱼

三茅江域鲥鱼体长，椭圆形，长20—30厘米，大者50厘米以上。

鲥鱼平时生活在海洋中，每年四五月份，溯江而上，回淡水流域产卵，来去有时，故又名时鱼。鲥鱼名声之大，除因其鲜美，还因其稀罕。明清时期，扬中至镇江金山江段鲥鱼被列为皇室贡品。明朝于慎行道：“六月鲥鱼带雪寒，三千江路到长安。尧厨未进银刀脍，汉阙先分玉露盘。”鲥鱼捕捞期很短，过时即无踪迹可觅。宋梅尧臣《时鱼诗》：“四月时鱼逴浪花，渔舟出没浪为家。”应时捕鲥场景跃然纸上。

1952年，域内鲥鱼年产量8000公斤。70年代后期，捕捞量急剧下降。1980年，全县捕捞量1450公斤。1981年以后，捕捞只能按条计算。1985年后，扬中再无捕捞记载。90年代起，政府明令禁捕长江鲥鱼。进入21世纪，域内餐桌出现鲥鱼多为钱塘江等东部沿海江域所产。2015年起，三茅水产养殖场与相关高等院校、科研院所合作，营造鲥鱼天然生长环境，引进外地种鱼，开展人工繁殖试验，育出少量幼苗。至2018年，成功养殖出体重近1公斤成鱼。2021年，有少量成鱼面市。

特色江鲜

扬中江域除长江三鲜外，还盛产鮰鱼、白鱼、鲶鱼、鳜鱼、江虾、青鱼、银鱼、鲈鱼、草鱼、鳊鱼、鲤鱼、鲢鱼、江蟹、鳗鱼等数十种江鲜。

20世纪90年代起，三茅地区水产养殖企业发挥亲水临江的生态环境和资源优势，利用长江堤外滩涂，通过“低坝、高栏、围养”方式，引进江水，营造特色江鲜鱼类原始生长环境，成功养殖长江名贵鱼类，批量供应市场。2021年，养殖江鲜产品上市量2042吨。

主要品种

鮰鱼　又称“回鱼”“回昂”，是水产珍品，体重一般1.5—2.5公斤，少数个体可达10公斤。三茅江域鮰鱼通体白色略带粉红，与其他江域鮰鱼体色略有差异。“无鳞鱼美号鮰郎，白骥名驰异远乡。味并河豚浓且厚，肚尤宝贵重金相。”鮰鱼肉质白嫩，鱼皮肥美，兼有河豚、鲫鱼之鲜，而无河豚毒素和鲫鱼多刺。20世纪50—70年代捕捞量5—7吨。80年代起，捕捞量逐年减少。90年代，捕捞量仅在400—650公斤之间。2018年，捕捞量150公斤左右。1998年，开展鮰鱼人工繁殖研究，镇多种经营管理站配合扬中市多种经营管理局聘请水产专家指导鱼苗繁殖取得成功。1999年，培育幼苗3.5万尾，养殖

水产捕捞

成鱼2000公斤。人工繁殖需要对雄亲鱼“杀鱼取精”。实施长江春季禁渔期制度后，亲鱼来源受限制。2004年，停止鮰鱼苗繁育。2005年起，从外地引进鮰苗养殖为成鱼，供应市场。2021年，三茅市场合计鮰鱼供应量5200余公斤。

白鱼　三茅人称之为白丝，又称“翘嘴”。白鱼肉质洁白鲜嫩，鲜食和腌制咸宜。杜甫诗赞“白鱼如切玉，朱橘不论钱”。白鱼体型较大，常见体重1—2.5公斤，最大重10—15公斤。体细长，侧扁，呈柳叶形，行动迅猛，善于跳跃，可飞越1米多高屏障。捕获野生成鱼很难存活，多以冰鲜状态运销。90年代后期，三茅水产养殖企业将野生成鱼经驯养培育为成熟亲鱼后，人工繁殖出新一代原种鱼苗，进行产业化养殖，批量供应市场。2021年，市场供应量3.2吨。

鲶鱼　“虽无锦鳞出清浑，但有珠眼入暗明”，三茅人又被称之为鲶胡子。三茅江域鲶鱼亚黄色，属大口鲶。内河鲶鱼体色呈黑褐色或灰黑色，略有暗云状斑块。个体重2—5公斤，最大个体可达30公斤以上。鲶鱼营养丰富，百姓视为鱼中珍品。90年代起，三茅水产养殖场开挖鱼塘，引江水，批量养殖供应市场。2021年，市场供应量2.5吨。

江虾　三茅江域宽阔，盛产江虾。春、夏、秋三季，渔民或于江中扬帆张网，或于浅水夹套置放虾笼捕捉。1950—1980年，三茅地区江虾年捕捞量1.5—5.6吨。90年代起，江虾年捕捞量有所下降。水产养殖企业在北滩开塘，引江水养虾成功。2010—2020年，江虾年上市量12—14吨。梅雨季节是一年四季中江虾味道最为鲜美季节。虾体壮硕，虾籽饱满，虾脑橘红。捕捞江虾时价每公斤300—400元，人工饲养江虾每公斤200—300元。2021年起，仅有江水养殖虾和外地河虾上市，年交易量13吨左右。

江蟹　三茅江域江蟹，壳青、脐白、螯黄、爪金、毛酱。入秋，江蟹膏肥脂满。域内自然水域中，分布广泛，尤以长江水系蟹味道最为鲜美。90年代中期起，江蟹养殖户利用江水、江滩等自然资源优势，开始生态化、规模化养殖。1996年，产成蟹8吨，体态特征、口味与原生江蟹不相上下。2005年，域内蟹产量15吨，环太渔乐园商品蟹获得省无公害农产品称号。2013年后，指南、锦程、滨江等村新增养蟹池600余亩，“扬子”牌江蟹通过农业部无公害农产品认证。2021年，街道沿江养蟹面积100余公顷，产量60余吨。

水产捕捞

每年三四月份，洄游鱼类溯江而上，品种多样、数量众多，肉质肥美。杜甫诗云：“苍江鱼子清晨集，设网提纲万鱼急。能者操舟疾若风，撑突波涛挺叉入。”生动再现江上捕鱼场景。宋梅尧臣诗云：“春洲生荻芽，春岸飞杨花。河豚当是时，贵不数鱼虾。”形象描绘出当年水产捕捞和河豚上市盛况。

境域从升起第一缕炊烟起，先民们就开始捕鱼。经过长期实践，淮民们制作各种捕捞工具，形成3类捕捞法。卡钩法，用铁丝制成倒刺钩，装上小鱼虾等饵料，河豚等鱼吞食被卡。滚钩法，由多把钩排列于一纲绳，垂至江底，游经此处的河豚等鱼遇到像帘子状排钩拦截，遂被钩住。3层网打法，把3层网撒到江里，等着鱼儿自投罗网。

俗话说“芦笋尖子戳卵脬，刀鱼河豚动担挑”。阳春三月，到处都能捕到刀鱼、河豚等江鲜。渔家说“大网大索满江掼，菜盆大的罱子也吃饭”。50—70年代，用最差的工具都能捕到江鲜鱼类，渔民尽享“鱼水之欢”。

进入21世纪初，江鲜产量下降，实施长江时段禁渔制度，扬中水域鱼类种类和数量开始恢复性增长。2021年，长江禁渔10年对养殖专业户带来利好，促进了特种水产养殖业发展，专业户应时张网捕捞供应市场。

江鲜佳肴

春满园河豚外卖新鲜出炉

河豚系列

河豚是三茅江鲜菜中宝中之宝，独步天下。2008年，扬中市烹饪协会出版中国第一部《扬中河豚菜谱》，精选100道河豚菜品，从传统红烧、白煨到现代刺身、点心，中西合璧，兼收并蓄河豚菜系精华，奠定扬中（三茅）河豚烹饪技艺和菜品无以撼动的王者地位。2004年10月，三茅8名河豚烹饪大师应邀赴日本东京、名古屋等地交流河豚烹饪技艺。2010年，中国烹饪协会授予扬中“中国河豚美食之乡”称号；2016年，授予扬中“‘十三五’中国河豚美食之乡”称号。

河豚宴　三茅地区名厨集体智慧所创，是名扬全国的宴席。全宴以河豚菜肴为主，有凉拌豚皮、河豚烧秧草（燕笋）、白汁河豚、双味河豚、河豚全家福、清炒豚肉脯、豚崽炖鸡蛋、芙蓉河豚片、豚肉汤包、浓汤西施乳、葱味菊黄豚、菠萝豚球、椒盐豚骨刺、群豚啄食等40余种河豚菜品。

红烧河豚　主料河豚、河蚌肉。将河豚肝切成薄片熬油至熟透；将制净河豚放入油锅，煎炸至微黄。加入3倍于豚肉的清水，大火烧开，撇去浮沫，放入调料，炖25分钟，放入河蚌等辅料，同煮10分钟，再放入豚皮炖15分钟，调味装盘。汤酱汁浓，豚肉细腻，豚皮滴嘴、豚白

（雄河豚精囊）滑嫩，入口即化。

白汁河豚　主料河豚两条，调料适量。将河豚制净，豚肝剪成半公分薄片，漂洗备用。生姜切片。锅内加豆油烧沸，倒入豚肝煎炸。豚肝微黄时加入净水3升，将河豚鱼腹朝下放入锅中，大火煮5分钟，加入白酒，转小火煮15—20分钟，放入豚皮、葱姜，小火炖10分钟，加入盐，完成调味后入盆。此时，汤色乳白，豚肉、豚皮口感醇厚，鲜腴香润。汤汁捞饭，鲜美滑爽。

秧草（燕笋）河豚　主料河豚，辅料秧草（燕笋）。将河豚制净后放入油锅内煸炒微黄，加水，大火烧开。再放入姜、葱、料酒适量，转中火烧30分钟。后将煸炒过的秧草（燕笋）放在河豚鱼四周，同煮10分钟，起锅装盘。豚肉微红，豚皮肥厚，豚黄草绿（燕笋鲜脆），荤素一体，鲜香肥嫩。

浓汤西施乳　主料为河豚肋（雄河豚精囊），辅料河豚骨等。将老母鸡、老鸭肉块煸炒炸香，放水，加入火腿、河豚骨等熬成浓汤。将河豚肋放入沸水中氽熟，捞起浸入浓汤数分钟起锅。将浓汤烧沸，加入盐、蚝油等调料。再将河豚肋放入煮沸浓汤中1分钟，然后装盘，以香菜或焯水西蓝花点缀。豚肋糯软滑爽，汤汁浓醇鲜香。

河豚斑子烧扁豆　主料河豚斑子数条和扁豆500克，辅料豆油、黄酒、姜片、葱花。将扁豆洗净焯水祛毒，稍冰镇。锅热后，放入适量豆油与河豚油同熬，放入姜片葱花，将河豚斑子入锅煎炸。香味溢出后加适量黄酒、清水。文火烧煮30分钟，倒入扁豆焖煮15分钟后出锅装盘。此时 鱼肉嫩滑，扁豆鲜美。

河豚小火锅　将制净河豚分成两半，半为片肉、半为骨架。片肉长约8厘米，宽约3厘米。在片肉上刷上蛋清备用。将骨架、豚皮剁成小段备用。将豚肝在高温油锅中煎至金黄起锅。迅速端锅离火，用勺扬油降温，加入适量清水，放入骨架、豚皮，大火炖15—20分钟，一锅鲜美汤汁即成。食者便可涮入豚肉片。小火锅汤白如乳，肉片鲜嫩味美。

河豚籽蒸蛋　河豚籽有剧毒，非专业祛毒，绝不能食用。河豚大师周长顺经数百次试验，成功研究出中药材祛毒法，用秘制中药为河豚籽祛毒后变成美味佳肴。主料祛毒河豚籽10副，辅料鸡蛋10只，调料若干种。将祛毒河豚籽浸泡3小时洗净。锅置火上，加水适量，放入调料，将河豚籽煮30分钟捞起备用。将鸡蛋打碎放入大碗，加清水，将豚籽碾碎加入，上锅大火蒸10分钟，即可上桌。此时，籽香蛋嫩，进口爽滑。（非专业人士绝不可烹制）

刀鱼系列

红烧刀鱼　刀鱼数条制净（用竹筷从鳃内插入，绞出肚肠后洗净）。在热锅内放入适量豆油，加入葱姜炸香，将鱼下锅，轻轻翻煎至皮色微黄，加入老抽酱油等调料，猛火煮2分钟，使鱼身上色，放清水没过鱼身，转中火烧煮，加盐调味。再大火收汤汁，起锅入盆。此刻，刀鱼色红味美，肉肥刺软，入口即化。

清蒸刀鱼　刀鱼3条制净，拎着鱼尾放入沸水锅中，烫去黏液和腥味，放入盘中。将火腿片、笋片、冬菇片等辅料相间排在鱼身上，加入适量调料，上笼蒸20分钟，取出装盘。拣去葱、姜，撒上适量胡椒粉，以香菜或焯水西兰花点缀。鱼色银白，香菜（西兰花）翠绿，鱼肉细嫩滑润，香鲜催人垂涎。

刀鱼烧秧草（竹笋）　主料刀鱼、秧草（竹笋）制净，辅料香菇、青椒、红椒等加工成块。锅放适量豆油熬熟，将刀鱼入锅，煎至两面微黄起锅。秧草（竹笋）、香菇、青椒、红椒切块入锅煸炒至半成熟，将煎好刀鱼平铺其上，加水适量，大火烧开，放入调料，小火炖煮3—5分钟，起锅装盘。此时，鱼白草绿，鲜香远溢。

鲥鱼系列

清蒸鲥鱼　主料鲥鱼，辅料火腿、鲜笋、冬菇。做法一，不去鱼鳞去内脏，抹少数盐于外表，腌制半小时后，用开水烫1分钟，装盘待用。配料摆放在鱼身上，入笼猛火蒸20分钟即熟。去掉姜片、花椒，倒掉多余汤汁。将调味勾芡上汤浇在鱼身上即可。做法二，洗净鲥鱼，用少数盐腌制入味后装盘待用。切姜片入盆垫在鱼身下，切碎姜、笋、火腿塞入鱼膛内，冬菇、鲜笋、火腿切片码放在鱼身上。入笼猛火蒸15分钟，熟后起锅。将原汁入锅烧开，加入胡椒粉、葱、蒜、盐调味。将调好浓汁淋在鱼面上即可。此时，鱼白汤清葱绿，鱼鳞香脆，鱼肉肥腴，鲜香四溢。苏东坡《鲥鱼》道出清蒸鲥鱼神韵：“芽姜紫醋炙银鱼，雪碗擎来二尺余。尚有桃花春气在，此中风味胜莼鲈。”

红烧鲥鱼　主料鲥鱼，配料冬菇、冬笋、猪板油、豆油，调味料葱、姜、酱油、白糖、料酒、盐等。将鲥鱼去鳃、洗净内脏，晾干。冬菇、笋切成长片，板油切成小丁备用。将锅烧热，倒入豆油熬熟，鲥鱼入锅油煎，两面成金黄色后取出。放入板油丁、笋片、冬菇片、整葱、姜一起煸炒至四成熟，放入鲥鱼，加入酱油等调料及适量清水，用旺火烧开，再转小火焖15分钟，收浓汤汁装盘。鱼色金红，鲜香诱人，鱼鳞脆酥，鱼肉丰腴。

鮰鱼系列

苏东坡誉鮰鱼“粉红石首仍无骨，雪白河豚不药人”。三茅人视鮰鱼为珍品，制作鮰鱼菜品多样。

白汁砂锅鮰鱼　鮰鱼为主料，佐以香菇、冬笋、木耳、虾仁和调料，用砂锅炖煮，大火烧开，转小火炖20分钟。其汤色如乳，汁液稠黏，鱼如白玉，肉质细嫩，滋味鲜美醇厚。

白烩鮰鱼膘　又称烩银肚。鮰鱼鳔色如白银，内层肥厚，色似粉玉，为鱼肚中上品。白烩鮰鱼膘以鮰鱼鳔为主料，有时几条乃至十几条鮰鱼鳔方能凑足一份原料。清水没鱼鳔，加佐料，将鱼鳔煮至七八成熟，佐以山珍类辅料，加入调料，大火10分钟烩熟起锅，

白汁刀鱼

色泽清白，滋味肥美。

其他江鲜菜

三茅地区红烧江杂鱼、水煮江虾、红烧鳗鱼、清蒸白鱼、酸菜鱼、红烧甲鱼等江鲜菜亦历史悠久，色香味可人，深受老饕青睐。

红烧江杂鱼　草鞋底、挑丁、红眼、昂刺、肉滚等10余种小江鱼，三茅称为杂鱼。其味鲜美独特，成为饭店酒家推出的特色菜。这些江鱼个头不大，形体各异，色泽不同，但肉质鲜嫩。经过杀、洗，沥干水分，放入熟油中煎至皮色微黄，加水和毛豆籽及调料，大火烧制10—15分钟即可装盆上桌。多种鱼味杂陈，色香并现，乍一品尝，唇齿留“鲜”。

水煮江虾　梅雨季节江虾虾体壮硕，虾籽饱满。将活虾洗净倒入沸水中，焖烧15分钟捞起沥水。再将虾倒入新鲜沸水中，加入适量调料猛火烧制2分钟捞起装盘待用。再烧适量开水，放入盐、姜和米葱熬制汤汁，将

螃蟹丝瓜茭米汤原料

美味螃蟹

秧草河豚

汤汁均匀地浇在虾盘中，此时虾红、姜黄、葱白、汤清，虾脑红橙。鲜香味引人口舌生津。2000年后，市场全年都有江虾和河虾应市，水煮江（河）虾不再是时令菜，一年四季都能让食客一饱口福。但不在时令虾味稍逊。

鲶鱼烧扁豆　制净500克鲶鱼一条，扁豆500克。鲶鱼切块，扁豆去筋洗净焯水沥干备用。锅里放油烧热，放入姜片熬出香味，放入鱼段，煎至两面金黄。把煎好的鱼全部放在锅里，放入少许料酒、盐、老抽和满过鱼的水，大火烧开，转中火，煮约20分钟。另起油锅烧热，放入扁豆，加少许盐翻炒。扁豆炒至起黄斑，把鱼和汤一起倒入，大火烧开。放入蒜瓣，转中小火收汤至略干，撒入葱花出锅。此时鱼黄豆绿，鱼肥豆鲜。

酸菜鱼　20世纪70年代，由川渝地区传入，为三茅饭店和居民家中常见菜。主料青鱼（黑鱼、草鱼）1000克，酸菜250克。辅料泡椒、姜、蒜各15克，鸡蛋清2个，调料适量。鲜鱼制净，用刀片切下两扇鱼肉，另将鱼头劈开，鱼骨斩成1.5厘米大小的块；酸菜洗净，切成短节；蒜、姜切片；泡椒切断。锅下油烧至五成热，放蒜瓣、姜片、花椒粒爆出香味，下酸菜煸炒后，掺鲜汤烧沸，下鱼头、鱼骨块用猛火熬煮，打尽浮沫，入佐料，续煮。鱼肉切成厚3毫米片入碗，倒入蛋清及佐料拌匀放入熬煮的鱼汤锅内。另锅置火上，下油烧至五成热时，下泡辣椒沫煸炒出香味后，迅即倒入汤锅内煮5分钟，下味精提味增鲜起锅。此刻香味四溢，鲜嫩爽口。

吴氏寿肠

主料猪大肠，辅料盐、鸡精、黄酒、木糖醇等。焯水后用食用碱水将猪大肠内外反复清洗3次，清除膻味和油脂，再焯水2次后，将大肠切3—5厘米段块。加入豆油煸炒肥肠5分钟，加入酱油上色。随后加入高汤，大火烧开后立即改小火焖烧约1.5小时，直至筷子戳穿肥肠，加入调料后搅拌即成，寿肠即成。此时寿肠色泽深红、鲜香厚重。

刀鱼馄饨

主料刀鱼2—3斤，辅料鸡蛋、淀粉、葱、姜等。制净刀鱼去骨削片，将刀鱼片在猪肉皮上剁碎（刀鱼刺会留在肉皮上），提取鱼肉泥加入调料，搅拌成馅，包进馄饨皮即可（亦可做饺子和汤包馅心）。馄饨入锅氽熟，皮滑馅鲜，吃一口鲜香留齿。

春笋腊肉

春笋6—8根、腊肉100克、佐料适量。将腊肉用温水洗净，放入开水锅中煮20分钟左右捞出，切成薄片备用。将制净春笋切片，焯水2分钟。炒锅烧热后，放入腊肉片小火翻炒，肥油炒出时，放入蒜片和姜片翻炒出香味。放入焯好水的笋片，加入调料，翻炒均匀即可出锅。此时肉香笋脆，香鲜四溢。

腊八粥

三茅人喜食菜粥，远近闻名，熬制腊八粥手艺独特。80年代起，腊八粥除在菜粥里加入花生、蚕豆、黄豆、南瓜、芋头、竹笋、豇豆、扁豆等食材外，新添红枣、皮蛋、精肉、菌类、虾仁、淡菜等食料。腊八粥不再是腊八时享用，成为平时调节口味美食。熬制时，先将米和花生米等食材冷水下锅，大火烧至七八成熟，再将易熟食料下锅，煮沸后加入绿叶蔬菜，最后放入油、盐、味精搅拌均匀即成。进入21世纪，域内饭店开发出河豚菜粥、甲鱼菜粥、江鲜菜粥等特色品种。游子归家总不忘吃上一顿家乡菜粥。宾客来访，品尝菜粥后往往难以释怀。

水糕

三茅水糕系米粉蒸制，色泽如玉，柔软酥松，有着淡淡米香味，老少咸宜。原料精选粳米，浸泡48小时，经漂洗晾干，用小石磨粉机磨成米粉，掺进适量发酵粉和温水，保温30分钟，待粉团发酵上蒸笼蒸熟即可。如添加葡萄干、红枣，入口风味更佳。昔日，春节、中秋节三茅人家家蒸水糕。糕与“高”谐音，寓意“步步登高”，代表着祝福和喜庆、吉祥。如今，水糕已成为三茅人早餐主食之一。

红烧猪蹄

原料猪蹄2只，冰糖、老抽、八角、香葱适量，花椒10粒、姜1片、干辣椒2个、生抽1勺。猪蹄洗净焯水出锅晾干待用。锅中适量放水加葱姜烧开后，倒入猪蹄和调料，不断翻炒至猪蹄粘满糖色。放足量水没过猪蹄，水开转小火加盖焖2小时，出锅前撒葱花炒匀。此时蹄红味香，肥而不腻。

螃蟹菱米丝瓜汤

主料螃蟹、菱米、丝瓜、螺肉、毛豆。将螃蟹2—3只制净，一分为二；丝瓜去皮，切块；取200克面粉加水调成面团，分成3厘米直径小疙瘩待用。将菱米放入适量水中烧开，放入蟹块和螺肉，大火烧5—8分钟，放入面疙瘩，再大火烧5分钟，加入丝瓜和调料，猛火烧开起锅。此时蟹红、菱白、瓜绿，面疙瘩色泽如玉，汤汁鲜美。

咸鱼烧肉

主料带皮五花肉1斤，咸青鱼干1斤，调料葱3根、姜5片，冰糖、黄酒适量，老抽6匙。青鱼干切块洗净泡水降咸味，五花肉切块。沥干水分鱼块和五花肉一起放入锅中翻炒至香出，两面微黄起锅备用。小火炒冰糖，融化后，放入鱼块、五花肉和佐料翻炒至鱼肉呈酱色，放入适量水，中火转小火焖烧15分钟，中途翻动3次。15分钟后起锅，此时鱼、肉酱红，鲜香扑鼻。

普济老鹅

主料普济地产土鹅，调料盐、鸡精、白糖、姜葱、八角、白芷、草果等。将老鹅宰杀、洗净、焯水、沥干，放入大锅，加调料，加水没鹅，中转小火慢慢熬制，3小时出锅，鹅身金黄。切块食用，浇上老卤，肉质鲜美，回味悠长。

苋菜烧饼

以制净苋菜、江虾、猪肉、生姜、大蒜、米葱及其他调味品做成馅心。将发酵面做成团状，包入馅心，双手均匀拍打成薄饼状，放入平底油锅煎炸，至两面金黄出锅。成饼馅心多味杂陈，面皮香脆鲜爽。

红烧五花肉

这里的江鲜最肥美

百姓家常菜

河蚌秧草

主料为河蚌肉和鲜秧草。用刀背将蚌肉边轻轻拍打直至发软切块。将锅底烧热放入豆油，加入葱、姜、蒜爆香，将蚌肉放入锅中翻炒1—2分钟，加入适量白酒，放入鸡杂、猪皮、猪蹄等秘制高汤一勺，猛火烧开后，小火焖烧4—5分钟。放入新鲜秧草翻炒2—3分钟，加入适量食盐、鸡精和糖，秧草炒至八分熟，加少量胡椒粉和熟猪油，起锅入盆。此刻，蚌肉肥嫩，秧草青绿。

豇豆茄子

原料地产豇豆、茄子各250克。豇豆折成5厘米段，茄子切块、洗净。热锅放入豆油烧热，放入豇豆、茄子，猛火翻炒3分钟，放入调料拌匀，转小火焖1分钟，即可装盆。脆软搭配，美味可口。

鳝丝炒韭菜

主料鳝鱼丝、韭菜，辅料青椒、干椒、大蒜，调料生抽、料酒、胡椒粉。把鳝丝、韭菜切成小段备用。青椒切丝，干椒切段，大蒜切片备用。热锅倒油，猛火放入韭菜加盐适量爆炒至软，盛出备用。热锅倒油，放入蒜片和干辣椒段爆香，放入鳝丝翻炒，淋入料酒，洒入生抽、白糖各1勺，大火翻炒入味，再把韭菜一起放进去翻拌均匀出锅，撒上胡椒粉。此时鳝黄韭绿，香鲜扑鼻。

笋尖焖蛋

本地燕竹笋和农家散养鸡蛋制作的笋尖焖蛋，另有一番风味。燕笋制净切成笋丁，焯水沥干待用。将洗净鸡蛋打在碗里，加适量精盐搅拌均匀。烧热的锅内放入菜籽油，将笋丁放入翻炒片刻，再将蛋液倒入锅中，用锅铲轻轻拌动笋丁和鸡蛋。鸡蛋成饼状后，正反来回翻动，直至两面金黄，起锅切块装盆，入口脆嫩鲜香。

长顺河豚馆

位于江洲东路36号，江苏餐饮名店。总经理周长顺经长期挖掘整理民间河豚菜式，创造出近50种特色菜品的河豚全席。红烧、白煨系列河豚菜品是长顺河豚馆当家菜，河豚刺身、凉拌河豚皮是创新菜品。

河豚肝、眼睛、籽有剧毒，人称“毒中之毒”，却是长顺河豚馆独家“美味”。周长顺数百次以身试毒，配置出独家中草药祛毒秘方。河豚肝、眼睛、籽经秘方处理后，毒性全无，成为美食。豚肝鲜香“无物可比”；眼睛鲜美，兼有豚皮豚肉之味；豚籽脆香，细细咀嚼回味久长。日本河豚烹饪大师曾登门品尝，赞不绝口，出高价求专利，被婉拒。中央电视台、中央人民广播电台，相关省台（报）、中国台湾媒体以及日本、东南亚等电视台均到馆采访。周长顺获中国特级烹饪大师、中国河豚特级烹饪大师称号。

孔庆璞河豚馆

位于江洲西路81号，江苏餐饮名店、省级非物质文化遗产“扬中河豚食俗”传承保护单位，以烹调河豚菜肴见长。“孔氏河豚宴”在中国首届名宴大赛中获“特金奖”。有“红烧河豚”“明宫河豚”“生涮河豚肝”等传统和创新河豚菜肴100余道，曾接待众多国际友人及社会名流。中央电视台、凤凰卫视、《人民日报》《新华日报》等10多家国内媒体和美国洛杉矶洛城广播电台等国外媒体曾报道孔庆璞河豚馆。总经理孔庆璞，系扬中市河豚文化研究会会长、江苏省河豚美食文化研究会副主席、资深级注册中国烹饪大师、“中华金厨奖”获得者，著有《扬中河豚菜谱》《养殖（控毒）河豚安全食用科普知识读本》等专著。

汇丰河豚馆

位于扬子中路266号，是中国烹饪协会会员单位，扬中市烹饪协会和河豚文化研究会理事单位、江苏餐饮名店。由中国烹饪大师、中国特级河豚烹饪大师、镇江白汁河豚创始人蒋开和创办。主营河豚、刀鱼和扬中特色菜。汇丰白汁河豚煲、香炸河豚、红烧河豚、清蒸河豚、河豚生鱼片、河豚火锅等享有盛誉。

从曾祖始，蒋家每代人都以烧河豚远近闻名。他继承祖传烹饪技法，经50年悉心钻研，不断创新，在扬中河豚烹饪界独树一帜。民间流传“扬中河豚甲天下，汇丰河豚独一家”。国家级和省级媒体多次报道汇丰河豚馆和蒋开和河豚烹饪技艺。中央电视台二台曾专题播放蒋开和“白汁河豚”烹饪视频。

大不同酒家

位于江洲南路1号，是中国烹饪协会理事单位、中华餐饮名店。以烹调河豚菜肴闻名，兼营淮扬等菜系。“王家祖传烧河豚”，创新菜肴“生涮河豚”为中华名菜。王世平经过近40年探索创新，成长为中国特级河豚烹饪大师、资深级注册中国烹饪大师、中式烹调高级技师、国家级行政总厨、中国高级营养配餐师、国家级中式烹调一级评委、江苏省餐饮业评委裁判长、江苏餐饮十大工匠，获“中华金厨奖”。王世平河豚烹调技艺居国内同行业领先水平，烹制豚籽、豚肝技艺独特，化剧毒为佳肴。他研发推出“河豚汤包礼盒”“真空包装河豚”，填补扬中河豚菜肴外卖空白。他的文章《秋草系列菜肴》《扬中土菜选》发表于《美食》《中国烹饪》，参与《扬中河豚菜谱》编著。

春满源大酒店

位于扬子东路扬子商业广场，创办于2012年，主营特色江鲜美食和淮扬菜。红烧河豚、白汁河豚、河豚火锅、清蒸刀鱼、红烧甲鱼等众多特色菜肴，采用扬中本帮烹饪技艺，融合大江南北烹饪方法烹制，风味独特，名扬全国。先后获中华餐饮名店、江苏省特色餐饮店等称号。中央电视台和江苏电视台等多家新闻媒体曾播放报道春满源大酒店烹饪视频和总经理杨世建采访录。杨世建，深耕烹饪技巧领域，练就精湛技艺，创造性推出生涮河豚小火锅、砂锅河豚煲、河豚刺身等菜肴；参编《河豚鱼安全食用操作行业规范》《河豚鱼宰杀和烹调中的注意事项》《江鲜飘香》《扬中河豚菜谱》和《扬中21味》等书籍；积极培养新人，所带徒弟有3人走上主厨岗位；其本人获中国烹饪大师、中国饭店业国家级评委、国家高级公共营养师、国家职业技能竞赛裁判员、江苏好厨师、中式烹调高级技师、镇江市首席技师、扬中市烹饪协会副会长等称号。

滴咀长兴楼

位于明珠大道180号。滴咀河豚、将军龙虾和拙食料理三个系列，是长兴楼招牌菜系。烹饪团队以滴咀河豚为基础成功研发“金牌河豚宴”。将军龙虾 有香辣、蒜蓉、十三香、家常红烧、白水清蒸等。拙食料理，菜品多样，力求原始烹饪方法，追求菜品原汁原味。饭店总经理陆长军曾前往粤菜名店——广州利苑学习一年，数次赴日本交流学习，兼收并蓄，烹饪技艺自成一家。获中国烹饪大师、中国特级河豚烹饪大师、江苏优秀烹饪工匠称号。

8 风俗民情

俚语乡音，融合八方乡愁记忆；

岁时习俗，革故鼎新代代相传。

移民文化碰撞融合，沉淀出多姿多彩的乡音乡情。软耳化心的吴语越音，烙印在世世代代人们的记忆深处；爽耳怡情的江淮音调，沉淀于祖祖辈辈人们的思绪空间。异地他乡岁时习俗相互融合，实现凤凰涅槃般的蝶变，形成独有的三茅民俗文化。

民间文艺

舞龙　龙具有青龙、白龙和金龙。每逢传统喜庆日和乡民喜庆大事，都可见舞龙队伍。1人手持“宝珠”（球形彩灯）在龙头前领舞。舞龙者在龙珠引导下手持龙具，随鼓乐节奏，或腾跃，或翻飞，或滚动，或盘曲，或穿插，展示扭、挥、仰、跪、跳、摇等姿势，完成戏、穿、

腾、跃、翻、滚、缠等造型，展示龙的精、气、神、韵。经典造型有“金龙盘玉柱”等。

舞狮子　狮子在人心目中为瑞兽。舞狮者戴上狮子面具，装扮成狮子，随鼓乐声，翩翩起舞。或一队独舞，或几队群舞。狮眼灵动，大嘴张合，憨态可掬。或作翻山越涧状，或登高直立，跳、转、腾、扑等动作，惟妙惟肖，展现雄狮威武形象。逢佳节庆典、店铺工厂开业和重大活动均可见雄狮欢腾。

打莲湘　又名莲花落。域内莲湘表演有单、双杆之分，动作多样，套路固定。如“梭步”“肩三棒”“抬头望家乡”“仙女摘花”等。表演姑娘6人—12人成队，踋走莲花步，手拿莲湘棒，地上身上，肩上腿上，从头打到脚，从前打到后。打莲湘姑娘一般不唱，配唱、配乐曲调有《杨柳青》《太湖美》《拔根芦柴花》《茉莉花》等小调，形成意境美妙的歌舞。进入21世纪，街道常组织莲湘舞表演和比赛，打莲湘成为城乡妇女健身活动项目。

其他文艺　20世纪90年代前玩花船、挑花担、唱麒麟等民间文艺表演形式在域内盛行，随着城市化进程加快，域区不见其踪迹，乡村春节时偶然可见。

舞龙大赛

2014年4月下旬，丰裕中心小学学生梅雨在北京为彭丽媛女士和丹麦女王玛格丽特二世表演剪纸

丰裕中心小学北欧剪纸——讲述中国故事

民间工艺

剪纸　将折叠彩纸通过剪、刻（阴阳刻）、刺等方法，剪成各种生动的图案。三茅地区剪纸艺术源远流长，具有广泛群众基础，蕴涵丰富文化信息。传统节日、喜庆活动和民俗活动，乡民以剪纸来装饰烘托气氛，把对生活歌颂和企盼通过剪纸，或悬于佳人之首，或缀于树下，或贴于窗玻，或挂于前门，相观为乐。剪纸造型各异，色彩斑斓，图案纹样丰富。进入21世纪，剪纸艺术作为乡土课程进入三茅地区学校。

丰裕中心小学是全国闻名的剪纸特色学校，坚持剪纸传承性、技能性、趣味性，以童趣化的儿童剪纸为目标，开发出版国内第一套《少儿剪纸》教材。与南京大学等高校合作，将非遗传承保护和校本课程相结合，聘请国内剪纸艺术界大师驻校担任顾问，全校剪纸教学覆盖率100%。

2014年4月下旬，四年级学生梅雨应邀到北京为丹麦女王玛格丽特二世和彭丽媛女士表演剪纸。2017年10月，“指尖中国丝路剪影——扬中市丰裕中心小学北欧剪纸展”在挪威斯塔万格市揭幕。剪纸特色成为学校亮丽名片。学校布设剪纸作品展厅，外宾看到学生作品《我的中国梦》《舞龙灯》《闹元宵》《幸福乡村》等近百幅全国获奖优秀作品时，仿佛看到一个个精彩的中国故事浓缩在这里，赞叹不已。

竹编　传统竹编工艺历史悠久，是劳动人民智慧结晶。2007年3月，扬中竹编被列入江苏省首批非遗名录民间艺术类项目；2008年6月，被列入第二批国家级非物质文化遗产名录。

竹编工艺传入三茅有400余年。工序是对竹子砍、锯、切、削、劈、拉、磨，再经编织形成竹器。编织以经纬编织法为主，穿插各种技法，编出图案。需要配以其他色彩的制品，就用染色竹片或竹丝互相插扭，形成色彩对比强烈、鲜艳明快工艺品。

三茅竹编产品可分为细丝和粗丝两类工艺品。细丝工艺（瓷胎竹编工艺）以精细见长，有“精选料、特细丝、紧贴胎、密藏头、五彩图”技艺特色。制作过程中全凭一双手和一把刀，让根根竹丝依胎成形，所有接头之处都藏而不露，浑然一体，宛如生成。主产品有瓷胎竹编花瓶、竹编茶具、咖啡具、酒具、文具、平面画。粗丝竹编工艺（无瓷胎竹编工艺）是指用竹条篾片编成的生活用具和观赏陈设品的竹编工艺。主产品有竹编凉席、凉枕、扇、箩、筐、篮、箕畚、摇篮等。

随着人们环保意识增强，竹编生活用品和工艺品时兴，竹编技艺得到新的传承，年轻竹编工匠数量增加。“竹编工艺”作为校本课程走进学校，江苏省竹编工艺大师耿月新，成为学校兼职教师，每周按时授课。滨江小学师生学习技艺，创办“竹编艺术展览馆”，展出耿月新艺术精品和师生优秀作品数十件。

柳编　是中国民间传统工艺。柳编工艺随着先民进入三茅，编织技术包括穿编、定编、砌编、平编、纹编、拧编、精编、勒编、缠边、木编10种。产品分内销和出口两大类。内销生产用品有箩筐、簸箕、水斗、笆斗、粪箕、粮囤仓围、柳条帽等。生活用品有柳条箱（包）、饭篮、菜篮、笊篱、针线笸箩等。装饰品有花瓶、屏风、画框、书箱、摇篮等。外销产品有洗衣筐、花盆套、吊篮、果盘、宠物窝笼等，畅销东南亚和欧美地区。

玉雕　是中国最古老雕刻品种之一。历来被视为珍宝。扬中玉雕出现于清末，作坊集中于三茅地域。作品风格为扬州、苏州流派。制作工艺精细，雕刻程序严格。①精选玉种、石料；②精心设计，勾出造型轮廓；③切平石料底部，显出形体；④镂空，取出浮雕物余料；⑤细饰，用压铊、色铊等工具，铊磨出各种形象；⑥抛光，磋磨后抛光；⑦装座，底座和器物要求两者统一。工艺师根据不同玉料天然颜色和形状，精心设计，反复琢磨，将其雕制成精美工艺品。大件作品有人物、器具、鸟兽、花卉等，小件作品有戒指、饰物等。1979年，大件作品“青玉塔（仿杭州六和塔）”以13公斤黄金价格被上海外贸公司收购度出售国外。进入21世纪，三茅玉雕工艺在传承中发扬光大，精品频出。

木雕　工艺在三茅地区流传已近400年，多用于建筑装饰、家具和工艺品。三茅历史上木雕分为大、小木雕刻两类。大木雕常见于建筑物梁架、梁托、斗栱、雀替、檐条、窗格、屏风、栏杆、额枋等部位。因木构件位置、功能各异，雕刻手法与题材各有不同。图案以花卉、虫鱼、鸟兽、八宝博古、云纹、人物或戏曲故事、神话传说等为主。小木雕为家具和观赏性木雕，以人物造型为主，祥禽瑞兽、花卉果蔬等次之。陈设观赏性木雕多以自然天成、形象生动、富有意趣取胜。

木雕工具有各类刀具和操作台。操作步骤：①先画创意稿，再用墨线勾画放大到木材上；②粗坯制作，初步形成作品外轮廓与内轮廓，由表及里，由浅入深，层层推进；③精雕细刻，使作品表面细致，表现形神；④顺着木纤维打磨，使作品表面光滑；⑤着色上光，丰富材料质感美和作品形式美。

随着建筑材料钢筋混凝土化，90年代起，木雕工艺仅在民族风格建筑中物上应用。随着家具现代化，木雕工艺在家庭装潢中已很少应用。三茅木雕艺人转行于根雕和工艺品雕刻。

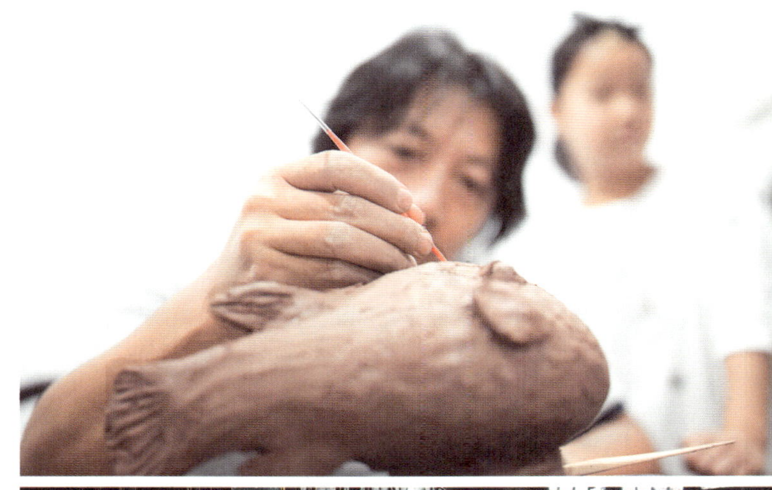

上图：木雕
中图：泥塑
下图：根雕

礼仪习俗

婚嫁礼俗

订婚　旧时，域内男女确定婚姻关系要遵父母之命和媒妁之言。订婚时，男青年在媒人陪同下，带礼品到女方家求亲。中午，女方设宴款待男青年，席间男青年以准女婿身份“改口”称呼女方亲友，亲友中长辈则以红包相赠。下午女方随媒人到男方赴晚宴，女方以准媳妇身份“改口”，男方长辈亲属也赠予红包见面礼。以这种形式宣布两人确定准婚姻关系。80年代起，订婚习俗淡化。90年代起，男女青年一般在结婚时才“改口”称呼对方家长和亲属。

婚前准备　送年庚、要彩礼。男方请算命先生根据男女双方生辰八字确定婚期，用大红帖子书写，由媒人送至女方，谓“送年庚”。年庚送达后，女方向男方索要彩礼，置办嫁妆。彩礼为鱼、肉、香烟、糖果等。80年代，开始流行拍婚纱照。90年代，送年庚之习俗被沿袭，婚期多利用元旦、春节、“五一”“十一”等假期。彩礼发生变化，改为金戒指、金项链、新潮衣服等或现金。婚前，男方需“谢媒”，礼品有肉、糕点及钱钞等。媒人则回赠花圆子、馒头、红筷子等。自主择偶者一般会找亲朋好友或单位领导作“现成媒人”。当男女双方均为独生子女时，时兴双方都准备“洞房”。

拨嫁妆　80年代前，姑娘嫁妆有蚊帐、被子、马桶、浴盆、梳妆匣、衣料等。80年代初期，嫁妆流行“48条腿”，即衣柜、办公桌、四仙桌及椅子等配足“48条腿”；80年代中期，流行自行车、缝纫机、手表、收音机；90年代则流行电视机、洗衣机、收录机、照相机。进入21世纪，嫁妆更为现代，有彩电、冰箱、洗衣机、空调、电脑和家具等，有的甚至有套房、轿车，或折成现金由男方家购买。压箱礼金有数万、数十万不等。

迎亲　50年代前，富裕人家用轿子接新娘。90年代前，新娘在介绍人和迎亲伴娘陪同下去男方家。进入21世纪，多为轿车迎亲。

婚礼　域内结婚男女家庭素以婚宴替代婚礼，宴前举行新婚夫妇礼拜仪式。50—90年代，乡村以请厨师在家中办宴为多。女

发嫁妆

结婚仪式夫妻对拜

给爷爷奶奶拜大寿

方中午置宴，男方同日晚上办宴。进入21世纪，男女双方于酒店合办婚宴。仪式请婚庆礼仪公司承办，有演员助兴，乐队伴奏。宾客随礼赴宴。

回门 做满月　婚后第3天，新郎新娘带礼物“回门”，拜见岳父母，娘家办“回门酒”“待新女婿”。女儿出嫁一个月，父母备糕点类礼物去女婿家为女儿“做满月”。进入21世纪后，此风俗已淡化，被双方家庭聚餐替代。

新式婚礼　80年代起，域内倡导集体婚礼。进入21世纪，时兴旅游结婚。

生庆礼仪

催生 报喜　女儿怀孕临产，准外婆送烧饼、红糖、鸡蛋等给女儿催生。80年代起，礼品折成现金交女儿。婴儿出生，送红蛋到婴儿外公和亲戚家报喜。90年代起，报喜蛋不再染红，在鸡蛋上放红纸片或红袋包装，数量16—36只。

做寿　60岁以上长辈过逢十生日谓“做寿”。女儿女婿为寿星购置衣物，生日前一日送鱼肉、寿桃、面条、烟花爆竹为寿星“暖寿”。生日中午吃面条，以示福寿绵长；晚上在家或在饭店宴请宾客。

丧葬习俗

排日子　把信　望丧　排日子，风水师根据死者生辰、去世时辰和直系亲属生辰属相，排出登高、盘孝、开吊、出殡等时辰及忌讳，并张贴讣告。把信，又称报丧，直系亲属由孝子亲自上门叩请，其余亲戚朋友可由帮忙人代请。邻居带火纸（即毛边纸）“望丧”，孝子孝媳跪接。

登高　盘孝　吊香　将死者灵柩移至灵堂中央，称“登高”。灵堂内挂孝幔，幔前置方桌放遗像，供奉祭品，焚香点烛。死者“登高”后，众上人主持盘孝仪式，按亲疏和辈分顺序向亲戚好友发孝布、孝袖。吊香一般在出殡前1天进行，亲朋好友前来吊唁，孝子孝媳跪迎。吊礼一般有钱、丧帐、花圈、花篮等。晚饭后开追悼会，次日火化出殡。

烧七　守孝　脱孝　死者自去世之日起，每7天家祭1次，共7次，谓“烧七”。随着社会进步，丧户烧头七时，就将7次供品逐一轮换供上，磕7次头，算7个七全烧完。旧时有守孝3年习俗。3年期满脱孝，到死者坟头烧纸钱祭奠，把孝鞋烧毁。进入21世纪，提倡厚养薄葬，丧户在“烧断七”时便脱孝。

建房风俗

选地　择日　请风水师选择风水宝地是居民建房传统习俗。随着居民区建设规划实施，选地习俗消失。择日，主家请风水师根据家人属相、出生时辰等择开工吉日，同时安排拆旧屋、建新屋等日程。

上梁　有系梁、上梁、插金花、抛梁（由梁上抛撒糖果、糕点、馒头、粽子）、说吉利话等程序。此习俗现已简化，上梁之日，房主宴请亲朋好友，亲朋好友随礼赴宴。

岁时习俗

过年

过年即过春节，是三茅人生活中最重要节庆日。自农历腊月二十四至来年正月十八，几乎所有活动均与过年相关。

廿四夜　即农历腊月二十四，又谓“小年”。家家吃豆豆饭，掸尘大扫除。旧时有廿四夜送灶神，三十夜接灶神，祈求其“上天言好事，下界保平安”习俗。90年代此习俗基本消亡，但吃豆豆饭、掸尘习惯沿袭。

除夕　即农历腊月三十，俗称“三十夜”。中午祭祖，下午贴春联、年画，挂红灯笼。商家一般中午11点左右打烊。晚饭称年夜饭，家人团聚享用美酒佳肴，吃馄饨。进

喜气洋洋买年画

入21世纪，部分居民到饭店吃年夜饭。饭后燃放烟花爆竹。小辈穿新衣给长辈拜年，长辈给小辈压岁钱。旧时有三十夜守岁习俗，电视普及后全家围坐电视机前观看春晚。午夜，家家燃放烟花爆竹，“火树银花百里地，缤纷璀璨彩珠腾”。

春节　农历正月初一称大年初一。早晨，男人开门燃放烟花爆竹，煮早饭（除夕准备的圆子、包子、水糕、红枣茶）。晚辈端枣子茶敬长辈，给长辈拜年，祝长辈健康长寿。长辈祝晚辈学习进步，工作顺利。早饭后，男女老少皆穿戴一新，外出拜年。进入21世纪，流行电话和网上拜年。

正月初一，不兴生米煮饭，吃三十夜准备好的饭菜。中午吃馄饨，晚上吃稀饭、包子和水糕；不兴扫地，名曰不扫财；晚上关门不外出，名曰关财门。

正月初二，女婿、女儿携子女给岳父母拜年。亲戚之间开始走动，相互拜年、宴请，直至正月初十。初五财神日，午夜焚香燃放爆竹接财神。是日商店正式营业，市场正常贸易，企业象征性开工，俗称“破五”。“破五”习俗80年代起基本改变，商家初一下午就开门营业。

元宵　高灯　落灯　正月十五元宵节，居民晚上吃元宵，部分人家燃放烟花爆竹，群团组织和商家组织灯谜竞猜活动。正月十三为高灯，十八为落灯。比间谓之“灯窝”（“窝”，扬中方言读kōu）。“高灯（吃）圆子落灯（吃）面”是扬中人传统。

清明节

公历四月五日为清明节，二十四节气之一。清明祭祖为历代人所重视，但随着社会进步和人们文明程度提高，此习俗发生变化。过去，扬中人一般在清明节前1—2天修祖坟。70年代，推行殡葬改革，尸体火化后骨灰盒存放灵堂（安息堂）。1997年，全市平坟还田，修祖坟习俗消失。80年代前，祭祖要摆祭品。进入21世纪，大部分居民已不设祭品，仅在家门口为先人焚烧纸钱，有的到灵堂骨灰盒前敬献花束。节前，机关、学校组织青少年祭扫革命烈士墓，进行革命传统教育。

端午节

农历五月初五端午节，家家户户用芦叶和竹箨包粽子，粽子锅里煮鸡蛋、鸭蛋和鹅蛋。门前插艾蒿、菖蒲和桃条，以镇邪除秽。小孩佩香囊、百脚绳和五毒肚兜，以示百毒不侵。近年来，众多村社组织包粽子比赛，弘扬端午爱国文化传统。

粽子

七月半

农历七月十五为中元节，又称“七月半”，家家户户中午祭祖。是日傍晚，三茅人往往在家前屋后、坝头、水边、路口等地焚烧冥钱，祭孤魂野鬼以求平安。此习俗现在在城区已基本消失。

中秋节

农历八月十五中秋节，又称“团圆节”。外出工作之人都要尽可能赶回家过节。节前，小辈给长辈送月饼类中秋礼。是日，全家吃团圆饭。晚饭为月饼和芋艿、菱米、丝瓜、螃蟹汤，饭后赏月。

重阳节

农历九月初九为重阳节。古有登高赏菊、喝菊花酒、吃重阳糕、插茱萸草之习俗。1989年，中国政府将重阳节定为敬老节。此后，每逢重阳敬老节，相关领导到福利院、敬老院慰问老人；单位开展为老人送温暖、办实事活动。

冬至节

冬至为农历二十四节气之一。冬至祭祖是传统习俗，三茅称之为“过冬”。过去民间有上坟焚烧纸衣、纸房之做法，现已不多见，但祭祖之习俗仍然延续。三茅地区过冬有“大冬”（冬至当日）、“小冬”（冬至前一天）之别。传说，过小冬人家祖先来自江南，过大冬人家祖先来自中原。

腊八节

农历十二月称腊月，“腊八”即腊月初八。是日，家家吃腊八粥。传统腊八粥除大米外，有红豆、蚕豆、豇豆干、扁豆干、红枣、花生、豆腐、百叶、青菜等。现在腊八粥增加了肉丁、火腿肠、卤蛋等，口味更佳。

其他时节

域内沿袭至今的岁时习俗还有：农历二月初二“龙抬头”，是日男子理发；二月初八吃荠菜馄饨，据说可以除百病；“六月六晒红绿（衣服）”，吃韭菜馄饨；七月初七传说为牛郎织女鹊桥相会之日，又称“中国情人节”；十月初一为“十月朝”，有吃糍粑传统。

方言俗语

方言特征

三茅方言语音特征，与扬中方言相同。其系统包括21个声母（含1个零声母ø）、46个韵母、6个声调。

三茅方言没有翘舌音，语音系统中没有声母zh、ch、sh，只有z、c、s；尽管有声母r，但发音与普通话不同，为s的同部位浊擦音，国际音标写作“z”。有声母ng、v和零声母ø，声母ng为鼻根舌音，国际音标写作“ŋ”，

国学馆诗教活动

方言拼音中使用频率较高。声母v发音与韵母u略有区别，以v为声母的扬中方言字也较多。设置零声母ø，主要是为方便认读和书写。

三茅方言声母常有变化，在普通话中，有些字声母为q，在扬中话中改变为j，例如“券”（jio^{4}）、“杞”（ji^{3}）等；有些字声母由x变成q，例如“奚”（qi^{1}）、“祥”（qiang^{2}）等；有些字由有声母变成零声母，如“然”（øian^{2}）、“燃”（øian^{2}）等；有些字由零声母变成有声母，如“严”（nian^{2}）、“研”（nian^{3}），增加了声母n，“欲”（ro^{5}）、“育”（ro^{5}）增加了声母r。有些字按普通话该用j、q、x作声母，三茅话仍按古音分别以g、k、h作声母。如“家”“街”等，在普通话中均以j作声母，而在扬中话中声母均为g，“家”读成ga^{1}、“街”读成gai^{1}；如“铅”“嵌”“敲”“掐”等字，在普通话中均以q作声母，而在三茅话中声母均为k，“铅”读kan^{1}、“嵌”读kan^{4}、“敲”读kao^{1}；再如，“下”“鞋”“咸”“项”等字，在普通话中均以x作声母，而在扬中话中声母均为h，“下”读ha^{4}、“鞋”读hai^{2}、“咸”读han^{2}、“项”读hang^{4}。

三茅方言能区分n和l，如苦难的“难”（nan^{4}）不会读成“烂”（lan^{4}），但“黄”“王”不分，“黄”读hɹang^{2}，与“王”同音。

常用词语

特色词汇　呆戾（gac^{3}zì）（东西）、揪（qiu^{3}）（干）、一手（sěi）托两家（对双方负责，公平公正，不偏不倚）、二猴（héi）子躬腰（操劳过分，直不起腰来）、七昏八戗（qiàng）（昏头昏脑）、十翻十调（不守许诺、说话不为数）、不过言的话（不可外传的话）、不着看（言行不合理，不实在）、甩（xuǎi）大料（又谓甩子，轻浮、不稳重）、丢漏（dēi lèi）（即丢脸）、杂六郎（lāng）（乱七八糟的东西）、花头精（花招）、呱呱老子叫（谓极好）、沿了（过去）、显范（xiàn fàn）（显摆）、滴咀（zui^{3}，谓汤汁黏稠）、架不住（jù）（禁不住，受不住）、陪绑（陪同受苦）、鲫壳（gê[4]）头子（小鲫鱼）、麻脚瘟（手脚动个不停，詈人语）。方言中，特色词汇有1500多个。

常用词汇　无章无程、隔三摞四、黑灯瞎火、摇头骨郎；出门看天色，进门看脸色；出头的椽子先烂；丢了笊笆舞扫帚；买不尽的便宜，吃不尽的亏；把戏人人会做，各有巧妙不同；杨树叶子掉下来怕打破头；没得果子茶，要有果子话；娘有爷有，不抵自有；害人不入己，入己不害人；家不和被邻欺，夫妻不和人家看不起；新娘子搀进房，媒人撂过墙；端人家碗，受人家管；算盘打得精，马褂子改背心；算盘珠子不拨不动；箩里拣花，头晕眼花；精丫精，马褂子改背心；瘪芝麻炸不出油来；嘴里念佛，心里做贼；小洞不补，大洞吃苦。方言中，常用词汇有1000余个。

谚语

小暑头上一个漏，拔掉黄秧种绿豆；一斗米养个恩人，一石米养个仇人；人怕老来穷，麦怕老来风（西南热风）；十网九网空，捞到一网就成功；天上鲤鱼斑，明天晒稻不要翻；日出脂胭红，没雨也有风；打了春，赤脚奔；画龙画虎难画骨，知人知面难知心；

早有乌云盖，无雨风也来；种田老汉不要夸，七月初三淹稻花（防汛）；穿不穷，吃不穷，算盘不到一世穷；家有千担谷，不吃鱼搭粥（指勤俭持家）；穷没得穷根，富没得富苗；油多不坏菜，礼多人不怪；春雾雨，夏雾热，秋雾凉风冬雾雪。方言中，谚语有600多条。

歇后语

小两口拜年——多礼；

小孩子吃泡泡糖——吞吞吐吐；

干柴遇烈火——一点就着；

门缝里瞧人——把人看扁了；

飞机上生孩子——高产；

飞机上钓鱼——相差十万八千里；

马路上的电线杆——靠边站；

太岁头上土——动不得；

指着圌山卖磨子——说空话；

挺着大肚子逛街——逸逸当当；

看戏淌眼泪——替古人担忧；

穿钉鞋拄拐杖——稳了又稳；

穿梭子不带线——空来空去；

穿蓑衣救火——惹火烧身；

茶壶里煮饺子——有货倒不出；

癞蛤蟆跳到戥盘上——自秤（称）自贵。

方言中，有歇后语500多条。

9

名镇名人

江洲俊杰，尽睿智贡献中华；

风流人物，献才华建设扬中。

三茅人文荟萃，如星光灿烂。科技之星马伟明，贡献强军，领先世界。人民之子陆朝银，躬耕江洲，造福桑梓。三茅走出了一批批蜚声国内外的精英，也吸引了众多他乡异客，名人名流驻足履痕。他们都是三茅精神、扬中文化的代表人物。

名人传略

张人杰（1922—2000）

普济村人。1940年2月加入中国共产党。1941至1945年，在江南路东特训班学习。1946至1948年任扬中县五区区委组织科科长、前进报社发行科科长，机智勇敢，出生入死，出色完成任务。1948年3月至1952年7月，任江都县公安局副课长。1952年7月至1965年7月，先后任镇江市人民政府事务科（局）副科（局）长、镇江市副市长、中共镇江市委农工部部长。1965年8月至1978年1月，先后任泰州市“五七”干校书记、副主任，市机电局局长，苏北机电局党委书记、主任。1978年2月至1980年11月，任中共泰州市委常委、市革委会副主任。1980年12月至1984年3月，任泰州市市长。任职期间，大力发展经济，努力改善民生；改造扩建城市，统筹兼顾，保护文物，为泰州市发展奠定基础。1984年4月离休。2000年，病逝。

郭三宝（1925—2021）

广宁社区人。1941年1月参加革命，参加过塘马战斗，立二等功1次。1943年，加入中国共产党。1944年起，历任班长、侦查员、粮秣员，参加过苏南玉山战斗、长兴战斗、来庄战斗、涟水战斗、河南十八里阻击战、淮海战役、渡江战役等战役（斗），荣立战功1次。1950年，在浙江、福建立三等功2次。1951年，赴朝作战。1955年回国，任第24军第70师独立汽车连油料仓库主任。1958年转业，先后任青海省天峻县生格乡、快尔玛乡党委副书记，县农机厂厂长。1991年8月离休回扬中定居。2021年病逝，其生平事迹被录入全国老龄委员会《共和国奠基人》。

叶秀山（1935—2016）

三茅集镇人，中国社会科学院首届学部委员，全国政协第八、第九届委员。1956

年毕业于北京大学哲学系，分配至中国科学院，历任哲学研究所助理研究员、副研究员、研究员、教授、博士生导师、哲学系主任、学术委员会主任。专长西方哲学，兼及美学及中西哲学，任西方哲学学会理事。1991年起，享受国务院政府特殊津贴。1995年，获“国家有突出贡献的中青年专家”称号。出版《前苏格拉底哲学研究》《美的哲学》《叶秀山文集》《西方哲学》《西方哲学史》等专著10余部。2016年，病逝于北京。

王步高（1947—2017）

滨江村人，东南大学教授、清华大学客座教授、中国古诗词研究学者。1964年，考入南京大学德文系，1969年回扬中任教。1984年，获吉林大学唐宋文学硕士学位。1991年，从江苏古籍出版社调至东南大学。历任副教授、教授、副院长、院学术委员会主任。所编《大学语文》系列教材列入全国“十五”“十一五”规划教材，获2002年国家优秀教材奖。所授“唐宋诗词鉴赏”和“大学语文”课程，获评国家级精品课程。著有《梅溪词校注》《司空图评传》等学术著作。王步高为国文教育推广作出重要贡献，享受国务院政府特殊津贴，获评江苏省高校名师。2017年，病逝于南京。

谭振林（1965—1988）

新扬社区人。1983年10月入伍，武警盐城边防分局战士。1988年3月31日，奉命在江苏盐城黄沙港渡口执行任务，发现有人驾驶一条小船进行走私犯罪活动，他纵身跳入水中，迅速抓住小船船帮，迫其停船靠岸。船上2名罪犯拿起竹篙凶狠地朝谭振林捣去，谭在颈部、胸部受伤情况下，忍住疼痛与歹徒搏斗，终因身受重伤，气力耗尽，被歹徒推入寒冷的激流之中，献出年轻生命。谭振林牺牲后，被江苏省公安厅追记二等功，被江苏省人民政府追认为革命烈士。

张庆贵（1972—1999）

广宁社区人。1990年12月入伍。1999年加入中国共产党，解放军某部连职管理员。曾2次受到某军区嘉奖，被省军区评为优秀共青团员。1999年3月23日，他所在部队驻地——云南省南华县云台山森林发生重大火灾。为了保护人民财产和武器装备，他奋不顾身冲向火海，与战友共同奋战3个多小时，扑灭大火，保住了4700余吨弹药，34门火炮，但自己却英勇牺牲。部队为他追记一等功，江苏省人民政府追认其为革命烈士。

陆朝银　情系江洲造福岛园

陆朝银，广宁社区人，1948年1月出生，镇江市人大常委会原副主任、中共扬中市委原书记。1966年11月起，历任生产队队长、大队会计、大队革委会主任、党支部书记；三茅公社党委副书记、书记，革委会副主任、主任。1981年5月起，历任扬中县副县长、县委副书记、常务副县长、县长；扬中市市长、市委书记兼市人武部第一书记。2001年1月，担任镇江市人大常委会副主任，兼任扬中市人大常委会主任。先后获“促进扬中发展特别贡献奖”“镇江市人民奖章”“中华之魂年度百名优秀人物”“中国县（市）经济百名优秀决策者”“国家级生态示范区建设优秀领导”“全国市（县、区）科技进步考核工作先进个人”“和谐中国十大影响力人物”等称号。

陆朝银慰问孤寡老人

忠诚担当

陆朝银任副县长、县长以及市长、市委书记期间，带领干部群众埋头苦干，锐意进取，乡镇企业从无到有，由小变大，区域经济实力迅速增长，连续十一年跻身全国百

心系强军

强县行列，建成小康县，成为社会主义新农村建设楷模。扬中唱响经济建设“三部曲”，从劳动密集型走向技术密集型，从“散点式”发展走向规模型经济，从内向型走向内外向结合型，地方经济不断转型升级。针对扬中供销员经济特点，1990年，他率先提出“四千四万”（走遍千山万水，说尽千言万语，使出千计万策，吃够千辛万苦）精神，对促进扬中不断跨越发展发挥激励和推动作用。他带领扬中人民修大堤、造大桥、筑大道、撤县设市，为扬中融入苏南经济板块快速发展作出重大贡献。

他情系家乡发展，2009年退休后，牵头成立扬中发展促进会，为扬中产业转型、城市建设、文化发展等方面作出重要贡献；促成多个院士工作站落户扬中；牵线海军工程大学与大全集团技术合作，联合建成国家新能源接入设备研发（实验）中心；积极帮助政府解决融资难题，动员乡贤中经济界成功人士回乡投资兴业；成立健康分会，扬中籍名医、专家陆续回扬中成立工作室。经过10多年发展，扬中发展促进会已拥有23个分会，骨干会员3200人，分布在国内外。

2021年5月，陆朝银受聘担任“镇江市青年成长导师”。围绕“永远跟党走”“学党史感党恩，明初心勇担当”“做一个真心为民的好干部”等主题，为基层党组织和中青年干部举行多场专题党课讲座，践行初心誓言。

马伟明　倾心科研强军卫国

马伟明，三茅街道英雄社区人，1960年4月出生。博士学位、少将军衔、动力与电气工程专家，海军工程大学教授、博士生导师、舰船综合电力技术国防科技重点实验室主任、电力电子技术研究所主任、中国工程院院士，中国科学技术协会第九届、第十届全国委员会副主席，中国共产党第一九届中央委员会委员。

马伟明心系强军、锐意创新。研制舰船发电供电系统和中压直流综合电力系统，实现中国舰船动力从落后到引领的跨越。他带领团队在某技术领域取得重要突破，实现与世界强国同步发展，多型装备属国际首创。马伟明团队长期研究电气工程装备，攻克基础理论难关，掌握关键技术，在电磁弹射技术上取得集群式突破，全面推动国家武器发射革命。致力于舰船电力系统领域研究，坚持自主创新，取得多项重大创新成果。

他坚持走军民融合发展之路，与地方科技集团深度合作，建立产学研基地，成立军队首个国家能源新能源接入设备研发（实验）中心，研制风光柴储多能源智能微网系统，一举破解偏远岛礁供电难题，成为示范工程，并推广运用于南沙岛礁建设。

他甘为人梯，培育英才，带头培树勇于担当、敢于超越的团队精神，积极营造崇尚科学、鼓励创新的学术氛围，为科研人员提供施展才华机会，倾力打造一支特别能战斗、特别能创新的科研团队，形成多学科融合、多团队协作、多技术集成的研发与创新平台。

马伟明团队曾获国家技术发明奖、创新团队奖、全国创新争先奖和国家创新研究先进群体称号，多次获国家和军队科技进步一等奖，立集体一等功2次。2015年，被海军授予“创新强军马伟明模范团队”称号。

马伟明出版专著2部，在国内外核心期刊上发表学术论文110篇。1996年入选首批国家“百千万人才工程”，先后获第三届和第五届“中国青年科学家奖”“求是杰出青年实用工程奖”“国家发明创业特等奖”“第五届中国青年科技奖”“第二届求是杰出青年实用工程奖”；获首届“全国十佳优秀科技工作者”“国家十大杰出专业技术人才”“全国十佳优秀科技工作者”“有突出贡献的中青年专家”“当代发明家”“全国最具影响力的十大科技创新人物”“最美奋斗者”等称号。2002年7月，中央军委主席江泽民签署命令，为马伟明记一等功。2011年12月，中央军委主席胡锦涛签署命令，为马伟明记一等功。2017年7月28日，中央军委主席习近平签署命令，授予马伟明“八一勋章”。

名人简介

王　坚

新胜社区人，1923年7月出生。1939年参加扬中县青年抗日服务团。1941年，任扬中县一区抗日委员会主任。1944年4月加入中国共产党。历任中共扬中县委秘书，培根简师政治指导员，县留守处秘书，江南办事处办公室主任，靖（江）泰（兴）江防队指导员，中共苏中区党委、中共华中工委、中共苏北区党委组织部干事、组织员，中共华东局组织部干部处干事、副科长。1958年8月，外交学院毕业，任世界知识出版社西方组组长，出版部代主任、副主任。“文化大革命”中遭错误批判。1969年3月至1973年7月，在外交部干校劳动。1977年8月，调任河北出版社文教编辑室主任。1981年3月，任河北人民出版社总编。1983年离休。

常敦明

营房村人，1936年11月出生。中国箫笛制作名师、中国民族乐器高级工艺师、中国管弦乐器学会乐器改革制作委员会顾问、江苏省文史馆馆员。长期担任上海民族乐器一厂厂长，1989年退休回乡，任长鸣乐器厂技术指导。1995年，设计制作巨笛长3.14米，孔径5厘米，最低音G调，每秒振动97.999次，是中国自古以来音域最低的竹笛。演奏时，巨笛放置架上或两人抬着，一人吹奏，两人按音孔。1997年5月，巨笛被载入上海大世界“吉尼斯世界之最”，同年7月在中央电视台《综艺大观》亮相。1998年，应邀在中南海元宵节联欢晚会上演奏《南泥湾》，时任中共中央总书记江泽民走上舞台仔细观看，与常敦明亲切交谈。他制作的箫、笛曾作为政府礼品赠送国内外友人。2001年10月，筹资兴建中国首家民族乐器陈列馆。

陈金罗

广宁社区人，1938年7月出生。1965年北京大学毕业分配至全国人大常委会法律室工作。1975年调中国社科院法学研究所任研究员。1978年调民政部，历任副处长、处长、副司长。参与起草《选举法》《社会团体登记管理条例》等法律法规；参与编写或主编《法制宣教班讲授提纲》《民政工作法则》《民政行政管理》等法学书籍，在《人民日报》《光明日报》《法制报》等报刊发表《社会团体是建设社会主义民主政治的重要力量》《结社立法问题初探》《社团改革发展的思考》等论著。2006年任正局级巡视员，兼任中国城区发展促进会副会长、中国乡镇发展协会副会长等职。2002年退休。

陈德龙

指南村渔民，1945年8月出生。2017年11月8日5时许，他在江中收网时，发现坍江险情，与巨浪漩涡搏击40余分钟脱险上岸，立即向“110”和“12345”热线报警。置自己家庭于不顾，帮助组织75户、300 余村民撤离，被誉为“江渚义翁”。至2020年，获第七届全国道德模范提名奖和扬中市“118”坍江抢险突出贡献奖，被授予江苏好人、江苏见义勇为英雄、江苏见义勇为道德模范和扬中市道德模范称号。

蔡继华

普济村人，1949年4月出生。解放军西安政治学院毕业，少将军衔。1969年2月参加中国人民解放军。1971年6月至1983年3月，先后任某高炮营指挥排排长、宣传科干事、连政治指导员和团政治部宣传处干事、宣传股股长。1983年6月至1987年9月，先后任旅大警备区后勤部政治部宣传科正营职干事、第三干休所副政治委员，被沈阳军区授予“指导员标兵”称号，立三等功2次。

1988年2月起，先后任中共中央军委纪委调研处、总政治部纪律监察部团职干事，纪律检查部调查研究局副局长（1995年1月至1996年1月代理步兵师副政治委员），总政治部纪检部综合调研局副局长，总政治部直属工作部组织局局长，总政治部纪律检查部副部长、部长。2006年5月，任中央军委纪委副书记。2007年10月，任中共第十七届中央纪律检查委员会常委。2014年退休。

孙宏才

永和村人，1951年10月出生。1970年12月入伍，硕士学位，教授、高级工程师、博士生导师、国家核心期刊《系统工程理论与实践》副主编，少将军衔，武器装备系统工程学术带头人。历任总工程师、总装备部某研究所所长。享受国务院政府特殊津贴和优秀人才奖。立三等功2次，多次受嘉奖，获国防服役金质纪念章、高技术武器装备发展建设工程奖章。曾兼任中国系统工程学会副理事长、决策科学专业委员会主任委员，总装备部军备控制科学技术专业组成员，国务院、中央军委军工产品定型委员会专家咨询委员会委员，全军武器装备科技奖评审委员。2010年入选中国科协决策咨询专家库。他创造性地提出GAHP二次加权理论，组织和参加某类装备“九五”“十五”“十一五”发展规划论证制定工作。曾担任国家高新工程某型武器装备定型试验总指挥，组织几十项某类装备定型试验。以国防部专家身份赴日内瓦参加军控谈判，为军控提供科技支持。先后主持或作为主要完成人参加几十项国家和部级科研项目，取得16项军队科技进步奖。发表学术论文51篇，出版教材、学术著作4部，培养硕士、博士、博士后多人。

陈履生

英雄社区人，1956年8月出生。美术家、美术评论家、美术史家和博物馆学家。1985年，获南京艺术学院硕士学位，分配至人民美术出版社工作。与沈鹏合编出版《中国画讨论稿》，出版个人专著《神画主神研究》《明清花鸟画题画诗选注》等，发表论文多篇。其作品多次赴国外和港台地区展出。1988年，举行个人画展。1998年5月，在拥军路旧居创办全国首家油灯博物馆。2010年，获第五届北京中青年文艺工作者德艺双馨奖。同年11月至2016年8月，任国家博物馆副馆长，当选北京文艺批评家协会副主席。2016年在扬中创办陈履生博物馆。2020年受聘为中国科学技术大学艺术与科学研究中心主任。2021年3月，受聘为中国科学技术大学博物馆馆长。

朱大龙

锦程村人，1956年出生。医学博士、主任医师、二级教授，南京大学、北京协和医学院、南京医科大学博士研究生导师，享受国务院政府特殊津贴专家。南京大学医学院附属鼓楼医院大内科主任兼分泌科主任、中华医学会糖尿病学会常务委员、国家基层糖尿病防治管理办公室共同主任、江苏省糖尿病学分会主任委员、十大医学促进专家、江苏省医学会常务理事，中华糖尿病杂志副总编。主持多项国家级、省部级科研课题研究，曾获国家科学技术进步奖、中华医学科技奖，江苏省科技进步奖、医学科技奖和科技及新技术引进奖，第五届国际糖尿病联盟西太平洋地区大会青年研究者奖、国之名医·卓越建树奖。先后在《新英格兰医学》杂志、《柳叶刀》杂志等国际知名杂志发表SCI论文20余篇，在国内核心期刊发表论文93篇，参编专著7部。擅长胰岛再生、胰岛素抵抗、糖尿病的基础和临床研究工作。2018年4月，在扬中市人民医院开设工作站。2020年2月，入选国家健康科普专家库。

王经中

滨江村人，1957年10月出生，少将军衔（正军职）。1978—1982年，在西安工业学院（现西安工业大学）计算机系学习。毕业后，在中国人民解放军总装备部政治部工作，后担任总装白城基地政治部主任（副师级）；2007年，任总装西昌卫星发射中心副政委（正师级）；2008年，任总装中国西安卫星测控中心政治部主任（副军级）；2013年，任西昌卫星发射中心政委、党委书记；2016年11月，兼任长征五号火箭首飞指挥长，同月3日他宣布火箭发射成功，任务圆满成功。2017年7月，任海南文昌卫星发射基地政委。30多年间，他兢兢业业，为国防和航天事业作出重要贡献。2018年，退休。

陆茂生

新胜社区人，1958年11月出生，扬中市华日塑料电器厂厂长。2006年，主动提出个人奖励新胜社区新录大学生，坚持17年未间断，累计投入奖励资金50余万元。其企业长年为贫困学生提供勤工助学岗位，安排大学生就业。但凡公益事业，他都尽力而为。2013年，当选镇江市第三届道德模范。2015年，先后入选扬中市第三届道德模范和“中国好人榜”，获中央文明委“诚实守信道德模范”称号。2016年，被评为扬中市十大乡贤。

刘小明

滨江村人，1964年9月出生。中共第二十届中央委员，海南省委副书记、省人民政府党组书记、省长;硕士学位、教授、博士生导师。1997—2003年,先后任北京工业大学校长助理、研究生部主任、副校长。2003—2014年,先后任北京市交通委员会党组成员、副主任、党组副书记,主任、党组书记;2014—2021年,先后任交通运输部党组成员、运输司司长、运输服务司司长、副部长。2021年,调任广西壮族自治区党委副书记。刘小明专业造诣精深,曾兼任首都规划建设委员会咨询专家、国家智能交通系统专家委员会成员、中国道路交通安全协会常务理事兼学术委员会副主任、美国运输研究委员会中国大学代表、中国人民公安大学客座教授等20多个职务。

徐留平

指南村人,1964年10月出生。中共十七大代表,第二十届中央候补委员,中华全国总工会党组书记、副主席、书记处第一书记;经济管理学博士,研究员级高级工程师1988年6月至2000年10月,历任中国兵器工业总公司工程师、副处长、办公厅处长、国防科工委办公厅处长。2000年10月至2004年1月,先后任中国兵器装备集团有限公司发展计划部副主任、主任和汽车部主任。2005年11月,任中国兵器装备集团有限公司党组成员、副总经理。同年12月,任中国南方工业汽车股份有限公司执行董事、副总裁。2006年1月,调任长安汽车(集团)有限责任公司董事长、总裁、党委书记。2017年8月,调任中国第一汽车集团公司董事长、党委书记。2006—2021年,先后获"中国兵器装备集团有限公司'622'战略功勋奖""振兴重庆争光贡献奖"等奖项,被授予"推动中国品牌国际化十大年度人物""改革开放30年中国汽车工业杰出人物""建国60周年汽车业十大风云人物""2009CCTV中国经济年度人物""全国劳动模范""十大华人经济领袖"等称号,3度获全国五一劳动奖章。

名人履痕

费孝通结缘三茅

著名社会学家费孝通六临扬中考察调研，首站均落脚三茅，与三茅结下不解之缘。

80年代，时任全国政协副主席的费孝通深入乡村考察，听说扬中这个面积只有331平方公里、人口27万人的小县，乡镇工业在镇江市名列第二，人均产值在全省名列前茅，立即产生浓厚兴趣，将扬中列为调研重点。

1984年10月26—31日，费孝通考察扬中。26日，费老一行在县委书记黄树贤陪同下，乘坐“水测壹号”轮船，从三茅二墩港出发，环绕江心小岛缓缓行驶。只见费老时而放眼眺望那滔滔东逝的江水、星星点点的渔船、宛如长城的堤岸，时而侧耳倾听县领导讲述史称太平洲的沧桑、扬中人改天换地的事迹和党中央富民政策给扬中带来的巨变。看着，听着，想着，他不由得心花怒放，诗兴大发，当即吟诵：“大江奔腾欲何至？天落三岛集于此。放眼烟波千万事，太平地处太平时。”

费老将目光盯在镇村企业上，10月27日实地察看丰裕“铜匠村（勇气村）”，走村串户，与普通农民、工人、老人、小孩、学生交谈，了解真实情况。特殊的地理位置，勤劳智慧的人民群众，飞跃发展的乡镇企业，尤其是中共十一届三中全会以后农村集镇的巨大变化，给他留下深刻印象。回到三茅街，他兴致勃勃挥毫题词“鱼米之乡，江中明珠”赠扬中县委，寄望扬中建成跨南北的过江通道，成为扬子江中璀璨夺目的明珠。

1991年4月8日，费孝通再临扬中，在三茅及其他镇村考察乡村工业和小城镇建设，对乡村企业迅速发展产生浓厚兴趣，给予高度评价，提出殷切希望。

1992年11月22日，扬中在中共十四大新闻发布会主会场——北京梅地亚宾馆召开“92江苏扬中经济技术协作赴京汇报会”，宣传扬中，寻求各方支持，促进高层合作，开辟发展新路。已经两次赴扬中考察、当选全国人大常委会副委员长的费孝通应邀出席，发表热情洋溢讲话，盛赞扬中人敢办大事，勇创伟业，自筹资金建造扬中长江大桥的壮举。其间，他不无风趣地说，“扬中这地方好哇，人好，水好，江鱼更好。我年初在那里吃了6天，体重增加了4磅。”话音未落，全场一片欢笑，随即爆发出雷鸣般的掌声。

1994年10月6日，费孝通参加扬中综合庆典（撤县设市、长江大桥通车、实现“小康县”、建设“生态县”），考察扬中乡村工业和小城镇建设，走访三茅附近的乡村企业和居民小区，由衷地发出感叹：“路子走对了，发展就快了，供销员经济是扬中经济特色啊。”

1994年4月9日，费孝通在江苏省扬中高级中学视察并题词

1996年3月21日、1999年3月23日，费孝通又分别考察扬中乡村工业和小城镇建设，调研三茅乡镇工业和农村建设，充分肯定三茅乡镇企业开拓创新，大小并举，修内功，强外联，走外向型发展的路子。

2001年3月24日，费孝通第六次考察扬中，从三茅开始走访之行，调研城市小区，考察乡镇企业。他称赞扬中发展步子走得很快，在经济建设、社会发展，特别是城镇建设、乡镇企业发展等方面取得了可喜的成绩，走在了农村现代化建设的前列。他高度评价扬中在市场经济的浪潮中走出了自我发展的新路，寄望扬中继续探索新形势下可持续发展的路子，积极推进科教兴市战略，加快建设新一代企业家队伍，努力构筑跨世纪发展的新优势。

2005年4月24日，费老人去，但他对扬中的殷切希望和鼓励指导仍激励着三茅人奋进。

江畔春早

大 事 记

明朝初叶（1368—1460）

德兴洲、万寿洲、细民洲初步形成。

明朝中叶（1461—1552）

永安洲初步形成。

茅山道院信徒到万寿洲结庐传教问病。

明朝后期（1553—1644）

乡民在道教信徒草庐旧址建道院，塑道教始主金身供奉，取名“三茅庵”，地域因之得名。

清顺治年间（1644—1661）

驻京口八旗营在德兴洲北部（今营房村地域）围地3800亩为养马之地，设营驻军。

清光绪二十八年（1902）

沙家港设轮船码头，停靠常州班轮。

清光绪二十九年前（1903前）

今三茅地域洲地育婴洲、复兴洲、永安洲等7洲属丹徒管辖，万寿洲、载我洲等3洲属泰兴管辖（今扬中地域各沙洲分属镇江、常州、扬州、通州四府之六邑）。

清光绪三十年（1904）

扬中独立建制，设太平厅。

清光绪三十二年（1906）

太平洲水灾，三茅地区灾情严重。

清光绪三十三年（1907）

创办扬中县立第一高等小学堂，校址在东关帝庙。

清光绪三十四年（1908）

太平厅同知蒋育芬将厅治从三茅迁至下八桥。1913年，县知事秦汇生回迁县治三茅宫。

1912年

太平县行市乡制，设1市7乡，三茅地区为三茅市，设议事会、董事会。

1921年

三茅市附近民众开展抗税斗争，捣毁县公署。

1926年

中共丹阳地方组织派员到三茅和油坊、八桥地区开展工作。

1927年

5月　县知事公署改称县政府，隶属江苏省政府。县政府改三茅市为三茅行政局，废除市议事会、董事会。

1928年

7月　国民党江苏省党部特派员到三茅，组建中国国民党扬中县党务指导委员会。

1929年

废行政局设区，三茅地域为太平区，区设保安团。

1931年

8月　大水，域内多处江港堤决口，受灾面积20余平方公里。

1932年

夏　中共江阴县委派员来扬中开展建党工作，发展19名党员，建立扬中第一个党支部——中共太平洲支部。支部派员到三茅地区开展工作。

1934年

江苏省农民银行在三茅设立扬中办事处。

1935年

12月5日　镇江至扬中(三茅)长途电话线路(省拨款架设)竣工通话。

1937年

10月10日　三茅小学师生举行抗日示威游行。

1938年

2月6日　日本侵略军第一次入侵扬中,驻三茅镇,数日后撤去。国民扬中县政府溃散。

1939年

1月9日　日军夜袭三茅镇,杀死无辜百姓10余人,烧毁县国民政府房屋10余间和石氏宗祠等民房20余间。

1942年

8月28日　县警卫营一部袭击二墩子港伪据点,炸毁敌汽艇1艘,击毙艇长,俘20余人,缴获枪支20余支。

1943年

3月　汪伪县政府强砍民间树竹,强迫民众在沿江堤岸上扎篱笆障为封锁线。环绕三茅镇挖壕沟、筑土城,扩大城区封锁线。

1945年

5月25日 苏中第五分区司令员韦永义率部在扬中县警卫营配合下攻打伪县政府，活捉伪县长章谋。

1946年

修筑上扬路（三茅街至新坝南码头）1丈2尺宽土路基。

私人集资在三茅镇开办扬中县卫生院，有医护人员3人，病床2张。

1947年

7月 国民党扬中县政府撤区并乡，全县分新坝、油坊两个区署，三茅属新坝区署。1948年，撤销区署，实行县、乡制，三茅乡属县政府。

1949年

4月22日 扬中县解放。全县划分为4个区，三茅地区为一区。

10月 开展民主改革，废除保甲制，建立村组制。

1951年

3月 三茅区完成土地改革。

秋 三茅区厚生乡试办第一个临时互助组。

1952年

9月 扬中县初级中学由八桥镇迁址三茅镇南关帝庙。

1953年

实行粮油统购统销，域内私营粮店、粮行、油饼摊贩停业。

1954年

8月17日　江水猛涨，部分江港堤决口，域内大部分地区受灾。

12月31日及次日　大雪，积雪深30—40厘米。

1955年

夏　全县59个乡镇合并为25个乡镇。三茅区辖三茅镇、建设乡和大众乡。

1956年

10月29日　沙家港过江电缆铺设工程竣工。

1957年

6月1日　三茅集镇至沙家港砂石公路建成通车。

10月30日　撤区并乡，实行县乡两级体制，全县15个乡镇合并为12个，三茅镇、建设乡、大众乡合并为三茅乡。

1958年

8月　扬中县烈士纪念塔建成，位于英雄大队。

10月26日　实现人民公社化，撤乡改称公社。三茅乡更名为三茅公社。

1959年

8月　何家大港通江水闸建成。

1960年

7月18日　三茅公社受台风、暴雨、冰雹袭击，倒塌房屋800余间，死1人，伤12人。

1961年

6月　沙家港通江水闸建成。

10月　镇江水文站在沙家港设水文观测点，配专职水文观测员。

1963年

4月中旬至5月中旬，连续降雨219.3毫米，三茅受灾。

1966年

5月16日　“文化大革命”开始，学校停课、工厂停产闹革命。

1967年

5月　南京军区军事单位派干部11人到扬中，加强军事管制力量。

1969年

7月　撤销扬中县中学，校舍改作工厂厂房。在县城镇小学内建九年一贯制“扬中县农机厂五七学校”。1972年，恢复县中建制，县农机厂五七学校更名扬中县中学。

8月　农村实行合作医疗。

1970年

7月　二墩港通江水闸建成。

1971年

5月　县化肥厂在建宁大队兴建。

1973年

10月1日　扬中百货公司新楼于前进路北端建成营业。

1974年

6月9日傍晚　三茅公社受10级以上狂风袭击，刮倒电线杆800余根、房屋39间、工厂烟囱20多座，触电死亡2人。

1975年

10月　丹徒县石桥头至扬中县三茅镇110千伏线路架设工程竣工。

1977年

11月　高考制度恢复，三茅地区1200余名考生参加镇江地区初试。

1978年

2月　无线电厂研制成功激光粘结机，国内首创，获省重大科技进步奖。

1979年

10月　县邮电局安装电子电话交换机，城镇地区电话改为自动拨号。

11月　县体育馆在江洲西路开工建设，占地31.25亩。翌年9月竣工。

1980年

5月1日　扬中县影剧院在江洲西路建成。

1981年

5月1日傍晚　三茅、兴隆等5公社遭雹灾，最大雹块2.9公斤。

9月　县电子仪器厂研制成功新型示波器，填补国内空白，获省科技成果奖。

1983年

3月1日　成立乡、镇人民政府，取代人民公社行政权，城镇公社改称三茅镇，三茅公社改称三茅乡。生产大队改称村民委员会，生产队改称村民小组。

9月21日　省长顾秀莲视察三茅。

12月　镇江市塑料九厂研制的“PP、PE圆筒形一次性双层涂膜新工艺”通过省级鉴定，获镇江市重大科技成果进步一等奖和轻工业部新产品证书。

1984年

1月17—19日　连降大雪，积雪深27厘米，交通中断2天。

10月26—31日　全国政协副主席费孝通到扬中调研，走访勇气村。

1985年

12月　中共中央顾问委员会委员江渭清到扬中视察，为“利民市场”题词。

1986年

4月20日　丰裕乡实行“五定奖赔、联利计酬”集体承包制。

10月1日　扬子大桥建成通车，全长256米。

1987年

8月底　三茅镇文化站负责采编的扬中县《民间文学集》出版。

1988年

10月9日　三溜乡更名为三跃乡。

1989年

11月　三茅镇建成省级用电标准镇。

1990年

12月　三茅镇建成镇江市第一个动圈喇叭镇。

1992年

1月　三茅卫生院与城镇医院合并，成立三茅地区中心卫生院。

8月　县乡镇企业股份合作制试点工作在三跃乡进行。

1993年

7月24日　丰裕乡撤乡建镇。

10月20日　撤销三茅乡建置，原辖区划入三茅镇。联合镇新民、新胜2村划属三茅镇管辖。

1994年

10月6日　市委、市政府举行"中国扬中撤县设市·长江大桥通车·实现小康市（县）·建设生态县综合庆典暨经贸洽谈会"。同日，撤县设市揭牌、大桥通车剪彩、环岛绿色工程奠基和管道液化气工程开工。

10月　三跃乡撤乡建镇。

1995年

3月10日　下东岳庙获准重建，更名为太平禅寺。

6月　卫生部部长陈敏章到三茅地区医院视察，书写院名，题词留念。

1996年

9月12日　新扬、新民、新联、新胜、沙港等5村和沙港居委会划属开发区管辖。

1997年

9月1日　联大集团、港龙集团、永固电控厂进入全国大中型乡镇企业行列。

1998年

1月18日　全国首家国土主题公园扬中市国土公园在三茅东部沿江地带建成。

1999年

4月21　全面推行劳动用工合同制。

2000年

10月　三跃集镇成功举办东岳庙庙会暨首届秋季商品交易会。

2001年

3月5日　丰裕、三茅两镇合并设立新建制三茅镇，镇政府驻地文化北路5-1号。

2002年

2月　实施村改居，居改社，建立文化、广宁等10个社区居民委员会。

2003年

2月18日　国家电力重点工程扬中220千伏普庆变电所工程竣工。

12月2日　三茅镇计生协会被评为“全国计生协会工作乡级先进单位”。

2004年

11月21日　实施建制村合并，撤销建制村10个，新建建制村5个。

2005年

10月24日　国务院总理温家宝视察中电光伏公司，充分肯定其创新自主知识产权，为推动中国新能源发展作出的贡献。

11月29日　三茅镇、兴隆镇合并设立新建置三茅镇。镇政府驻地文化北路5-1号。

2006年

7月　开发永新外滩315亩，建成长江生态渔业园。

12月　三茅镇被评为“镇江市经济发展十强镇”。

2007年

12月　三茅镇获“镇江市工业经济强镇”称号。

2008年

1月12日　110千伏城东变电所建成投运。

12月26日　三茅镇工业总产值突破100亿元。31日，召开三茅镇工业经济超越百亿元庆祝大会。

2009年

2月　新扬、新民、新胜和港联社区由开发区划归三茅镇管理。

3月　三茅镇通过“全国环境优美乡镇”创建验收。

2010年

12月　三茅镇建成省级全国新农村建设档案示范镇。

12月　三茅镇敬老院被评为“全国模范敬老院”。

2011年

9月　建成现代渔业产业园，集特种水产养殖、生产、示范、展示、培训、观光于一体。

10月22日　撤销三茅镇建置，设立三茅街道办事处。

2012年

5月　城北科技产业园开工建设，占地面积1万余亩。

8月　扬中市现代都市农业园建成，位于三茅街道东北部，占地1.43万亩，投资4.55亿元。

11月18日　港东南路商业步行街开工建设，2014年10月竣工。

2013年

5月1日　雨润中央商场扬中店开业，项目总投资15亿元。

10月16日　中兴智慧城市（扬中）产业基地落户三茅，占地150亩，总投资20亿元。

2014年

3月　扬子河整治、绿化、管线改造和全域水系畅通工程竣工，投资2亿元。

5月　三茅街道办事处整体搬迁，由原文化北路5-1号迁至新民路96号。

2015年

5月　世纪金源广场开工建设，投资40余亿元，占地面积5.65万平方米，建筑总面积46万平方米。2021年10月竣工。

6月16日　扬子新村片区改造工程启动，占地26.98公顷。

2016年

3月6日　三茅众创空间——创新创业要素集聚的“人才良仓”开业，复旦大学团队首家入驻。

2017年

1月5日　扬中市科创产业园区（三茅）管委会成立，为扬中市政府行政派出机构，与街道办事处合署办公。

4月7日　恒大国际健康未来城项目落户滨江新城，投资500亿元。

4月10日　省委书记李强调研现代渔业产业园区。

10月31日　三茅街道获省“湿地保护先进集体”称号。

11月8日凌晨5时　三茅街道指南村沿江地带发生坍江险情，当日下午5时险情得到控制。

12月　三茅街道建成江苏省四星级“乡村旅游区”“工业旅游示范点”和“自驾游基地”。

2018年

3月7日　三茅街道获首批“江苏省生态文明建设示范乡镇”称号。

12月26日　三茅街道一般公共预算收入突破10亿元，工业销售突破120亿元。

2019年

12月　市区25平方公里雨污分流管网铺设完成。

12月　三星科技、香江股份等21家企业获批江苏省高新技术企业。

2020年

10月　三茅街道泰宁电气、乐洲电气、中晟钻石工具等22家企业获批江苏省高新技术企业。

2021年

3月23日　童涛任中共扬中市三茅街道工作委员会书记。

4月16日　姚文笋任扬中市三茅街道办事处主任。

10月2日　扬中发展促进会三茅分会成立。蔡继华、王经中、孙宏才3位将军和连云港市副市长黄万荣等200多名在外乡贤参加成立大会。

12月26日　全年街道获批知识产权授权906件，发明专利授权44件。

12月30日　完成年工业生产总值152亿元，一般公共预算收入突破11亿元。

12月　三茅帷幄创客空间获批国家级科技孵化器。

编后记

2022年年初，三茅街道有幸获镇江市史志办公室推荐，江苏省地方志办公室批准，编纂名镇志。

省地方志办公室主任左健伟始终把握编纂方向并跟进指导，二级巡视员许善军，市县指导处三任处长刘俊、雷卫群、宫冠丽和四级调研员焦赛军等领导对编纂工作十分重视，全程给予关心与指导。镇江市史志办公室方志处处长翁红霞担任特约编审，具体指导。扬中市史志办公室副主任陈健担任业务指导员，参与方案制订、人员培训、志书编纂等业务工作。

街道党工委和办事处将名镇志编纂列为当年重点工作之一抓落实。党工委书记童涛亲自遴选编纂人员，逐篇审阅稿件，把关推敲，提出修改意见。副书记杨淑静主持召开“《江苏名镇·三茅街道志》编纂动员大会”，督查进度和质量。党工委宣传委员陆昌海担任主编，收集资料，审读、修改志稿。

编撰人员严谨求实、殚精竭虑，搜集史料，认真撰稿，忘我工作，用5个月时间完成预审稿，分送至街道相关部门、单位和曾在三茅工作过的老领导审读，征求意见。8月中旬，志稿通过街道党工委和办事处初审。9月底，扬中市史志办公室完成复审。

2023年4月中旬，镇江市史志办公室组织志稿终审。省地方志办公室二级巡视员许善军、市县指导处处长雷卫群、四级调研员焦赛军；镇江市史志办公室副主任徐强、蔡晓彬，三级调研员翁红霞，方志处处长孙燕宾；扬中市委副书记蔡萍，常务副市长巫晓辉；三茅街道党工委书记童涛、副书记杨淑静，宣传委员陆昌海；扬中市史志办公室主任张俊、副主任陈健等出席终审会议。

经领导点评，专家评审，会议一致通过《三茅街道志》终审，认为志稿内容丰富，资料翔实，特色鲜明，行文简洁流畅，体现出较高的编纂水准。

终审会议后，编纂人员认真研读专家意见和领导点评，精心打磨；编委会再次组织街道各部门负责人内审，参加内审人员有祝红卫、彭波、黄永新、金文、陈飞、童国虎和尹涓。10月，通过省地方志办公室验收。

全志10.75万字，分9篇，另有序、总述和编后记，图照113幅，视频25个。志书突出“名、特、重”，记载三茅街道工业重镇、商贸名镇、旅游大镇的历史和新貌，致力追求“一部名镇史，遍阅千年灿”的阅读效果和社会效应。

《三茅街道志》编纂得到省、市史志界诸位领导和专家、学者的关心指导，凝聚众人智慧和辛劳。值此付梓之际，一并表示衷心感谢！

唐华龙　石馥苓　朱菊华

2023年11月